JN101845

歴史文化ライブラリー

519

家老の忠義

大名細川家存続の秘訣

林 千寿

吉川弘文館

目次

政権移行期の松井康之

御家第一主義の継承

1　細川家を支えた家老の忠義

細川家を支えた家老の忠義——プロローグ

絶対ではなかった主君への忠義

天正三年（一五七五）織田信長は柴田勝家に越前国の支配を任せるに際し、領国を統治するうえでの心得を記した九ヵ条の掟書を渡している。その最後の条には次のように記されていた。

新しいことが起きたときには、何事であっても、信長の言う通りにする覚悟が肝要である。といっても、無理非法だと思っているのに、それを隠して口先でつくろうのはよくない。言いたいことがあれば、異見しなさい。道理にかなうことならば聞き入れる。とにもかくにも、私を崇敬して、影後ろにても、あだに思ってはならない。私のいる方向に足を向けない心もちが肝要である。そうすれば、お前は長久である。（『信長公記』）

柴田勝家は織田家の中核を担う、重臣の中の重臣である。その勝家に対し信長は、主君（信長）あっての家臣（勝家）なので、主君（信長）を裏切るようなことはしてはならないと述べている。主君への忠義が絶対的なものであったならば、「裏切るな！」とあえて述べる必要などない。つまり、この掟書は、当時の武家社会において、主君への忠義が絶対的なものではなかったことを示しているのである。

この掟書を発した七年後の天正十年（一五八二）、信長は、本能寺で明智光秀に討たれ亡くなってしまう。光秀は柴田勝家や羽柴秀吉と並ぶ織田家の重臣であった。光秀が信長を討った理由は謎のままであるが、光秀が主君たる信長を討ったのはまぎれもない事実である。本能寺の変は、裏切るという選択肢を重臣がもっていたこと、その裏切りが大名に致命的なダメージを与えうるものであったことを証明する事件だったのだ。

ところで、掟書の中で信長は、「自分に忠義を尽くせば、お前（勝家）は長久である」と述べる。信長は、「主君あっての家臣」という観念を植え付けることで、家臣の裏切りを抑止しようとしたわけである。

信長が示したように、家臣の裏切りを抑止するには、主君の存続と家臣の存続を一体化するような価値観を構築する必要があった。ただし、ここで指摘しておきたいのは、たとえそのような価値観を構築できたとしても、家臣が忠義の対象を主君個人とする限り、大名家は安泰ではなかったということである。

本能寺の変で信長とその嫡男信忠は落命したものの、それで織田という大名家が滅亡したわけではなかった。信長には信忠のほかにも多くの息子がいたし、信忠には嫡男三法師（のちの秀信）がいた。もし、織田家中に主家の存続を第一義とするような価値観が形成されていたら、織田家は天下の覇者として存続できたかもしれない。しかし、そうはならなかった。清洲会議で秀吉は、三法師を織田家の家督相続者に擁立したが、その目的は、三法師を利用して自分の権力を拡大することであった。そして、勝家との権力闘争に勝利した秀吉は、自らが信長の後継者となり、三法師ら信長の子孫を臣従化してしまったのである。

この織田家の事例からわかるように、主君個人に向けられた家臣の忠義は、代替わりによってあっけなく崩壊するものであった。大名家が永続性を確保するには、忠義の対象を主君個人から御家という共同体に転換させ、御家の存続を第一義とするような価値観を創出する必要があったのである。

松井康之と興長の価値観

さて、本書の主人公松井康之（一五五〇～一六一二）とその息子興長（一五八二～一六六一）は、細川家の家老をつとめた人物である。彼らが仕えた細川家は、初代藤孝が信長に大名に取り立てられて以来、江戸時代が終わるまで、国持（くにも）ち大名としての地位を維持し続けた家である。信長取り立て大名の多くは、織田〜豊臣（とよとみ）〜徳川（とくがわ）と政権が移行する過程で滅亡・没落していったが、細川家は時代の荒波を乗り越え近世大名として存立した。なぜ細川家は生き残ることができたのか。そこには、康之と興長の価値観が大きく関与していたものと考えられる。

康之は、二十歳の頃、藤孝に召し抱えられて以来、六十三歳で没するまで、一度も離反することなく細川家に仕え続けた。康之が活躍した織豊（しょくほう）政権期は、秀吉がそうであったように、実力による立身出世が可能な時代であった。康之は武略に優れた武将であり、その実力は信長、秀吉、家康といった天下人からも高く評価されていた。才に恵まれた康之には、独立して大名になるという選択肢があったのである。しかし、彼が選んだのは、家老として細川家を支えることであった。自らの武勇と知略を主家存立のために使う、それが康之の生き方だった。

三十歳で康之のあとをついだ興長は、八十歳で没するまでの五十年間、細川家の家老をつとめ、忠興（ただおき）・忠利（ただとし）・光尚（みつなお）・綱利（つなとし）の四人の藩主に仕えた。彼が家老をつとめた江戸時代初期は、器量のある主君に仕えるのが武士の名誉だとする戦国時代の価値観が根強く残っており、そのことが大名家の代替わりを不安定なものにしていた。このような中にあって興長は、御家存続のため力を尽くすのが家老の役目だと考え、歴代藩主に仕え続けた。興長が最後に仕えた綱利は、遊興に散財を重ねるなど、問題行動の多い藩主であったが、興長は辛抱強く綱利を支え、肥後一国を預かるにふさわしい人物となるようその行動を律し続けた。無器量な主君であっても守り立て、御家を存続させる、それが興長の生き方であった。

康之と興長は、主家の存続を第一義とする価値観の持ちえた家老であり、そのことが細

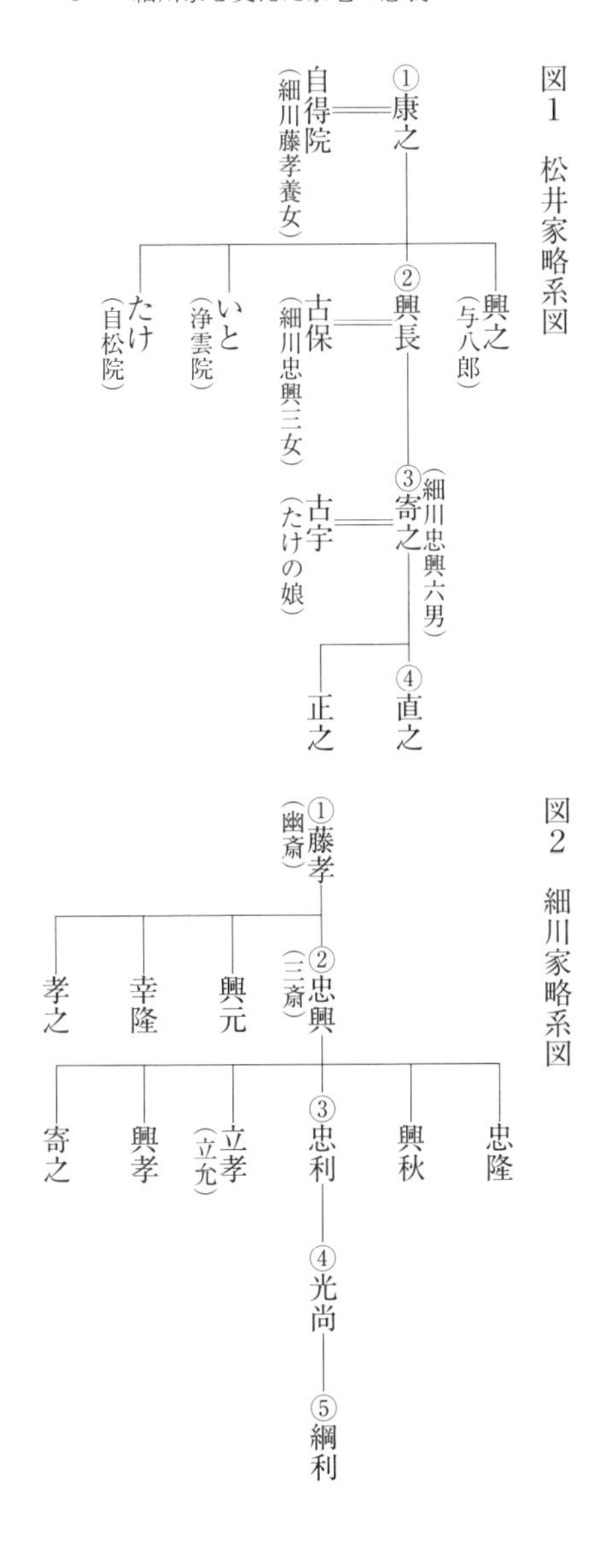

図1　松井家略系図

図2　細川家略系図

川家を長久ならしめたのではないか。本書では、康之と興長の生き方を追いかけることで、家老のもつ価値観が大名家の存続にいかなる影響を与えたのかについて考えてみたい。

引用史料について

本書を叙述するうえで中心的な史料となるのは、松井家に伝来した松井家文書（一般財団法人松井文庫所蔵、八代市立博物館未来の森ミュージアム寄託）と、細川家に伝来した細川家文書（公益財団法人永青文庫所蔵、熊本大学附属図書館寄託）である。双方とも史料集が刊行されており、引用に際しては、収録刊行物の明記につとめ、収録書名、収録巻数—史料番号を次のように省略して示した。

八代市立博物館未来の森ミュージアム編『松井文庫所蔵古文書調査報告書』…松井○—○

熊本大学文学部附属永青文庫研究センター編『永青文庫叢書　細川家文書　中世編』…叢書中世○号

熊本大学文学部附属永青文庫研究センター編『永青文庫叢書　細川家文書　近世初期編』…叢書近世○号

東京大学史料編纂所編『大日本近世史料　細川家史料』…細川○—○

松井家文書のうち、刊行物の存在しない史料については、「松井家文書」と記し、八代市立博物館未来の森ミュージアム作成の資料目録（同館ホームページにおいて公開）の調査番号を示した。また、東京大学史料編纂所が所有する写真帳『松井文書』によってのみ存在が確認されるものについては、「東大松井」と略記し、写真帳番号を付した。

細川家文書のうち、刊行物の存在しない史料については、熊本大学永青文庫研究センター作成の細川家資料総目録の史料番号を示した。

なお、史料の引用にあたっては、一般読者を想定し、現代語訳ないし読み下し文で表記した。

家老への道のり

足利から細川へ

最初の主君は足利義輝

松井康之（やすゆき）は、天文十九年（一五五〇）十一月一日、松井山城守正之（まさゆき）の次男として生まれた。松井家の出自については詳しいことはわからないが、足（あし）利将軍家に仕える奉公衆の家柄（かが）だったらしく、父正之は十二代将軍義晴（よしはる）・十三代将軍義輝（よしてる）に仕え、康之も幼少の頃から義輝のそば近く仕えたという。したがって、康之の最初の主君は、足利義輝ということになる。

康之が生まれた天文十九年という時代は、全国各地に強力な戦国大名が登場し、領地争いを繰り広げていた時代である。室町幕府は続いていたものの、足利将軍家と管領細川家は、内部抗争を繰り返し、政権は不安定であった。康之が仕えた義輝は、天文十五年に将軍となったが、管領細川晴元（ほそかわはるもと）と三好長慶（みよしながよし）の抗争に巻きこまれ、京都を追われている。

三好長慶はもともと細川晴元の被官であったが、天文十七年晴元からの独立をはかって挙兵。翌年、摂津江口の戦いで晴元方の軍勢をやぶり、晴元と義輝を京都から追い出した。天文十九年、京都奪還をめざす義輝は、父義晴が築いた中尾城（京都慈照寺の裏山に築かれた城）に入って戦いを挑むも、三好軍の攻勢の前に退却を余儀なくされ、その後数年間、近江で逃亡生活を送ることになった。将軍を支えるはずの管領やその被官が相争い、将軍を都から追放する。そんな時代に康之は生まれたのである。

図3　松井康之像（松井文庫蔵）

運命を変えた永禄の変

永禄八年（一五六五）、康之の運命を大きく変える事件が起きる。義輝が暗殺されたのである。義輝は永禄元年に三好長慶と和睦し京都への帰還を果たしたが、永禄七年に長慶が亡くなると、再び三好氏と対立するようになる。長慶亡き後、三好政権の実権を握ったのは、三好三人衆（三好政康・三好長逸・石成友通）と呼ばれる三好一門と、三好氏の有力家臣松永久秀であった。彼らは、将軍の座を狙う足利義栄（義輝の従弟兄）と結びつき、義輝を亡き者にしようとしたのである。

永禄八年五月十九日の白昼、三好義継（長慶の養子）と松永久通（久秀の嫡子）の軍勢約一万が、義輝の二条御所を襲撃。義輝は自ら刀をとり奮戦したものの力及ばず討ち死した。このとき康之は叔父玄圃霊三（南禅寺第二百六十六世）の伊勢参宮に同行して京都を離れていたため難を逃れたが、兄勝之は義輝とともに討ち死。松井家の所領は三好・松永の軍勢によって押領され、松井家の家臣は分散してしまう。わずか十六歳にして康之は、仕えるべき主君も、頼るべき兄も失ってしまったのである。

足利義昭に仕える

永禄の変は、康之から多くのものを奪ったが、同時に一つのチャンスを与えた。すなわち、自らの意志で主君を選ぶというチャンスである。この人生の分岐点に際し康之が選んだのは、義輝の弟に仕えるという道であった。

義輝には出家した二人の弟がいた。一人は京都相国寺鹿苑院に入っていた周嵩で、義輝が襲撃された翌日に殺害されている。もう一人は奈良興福寺一乗院に入っていた覚慶で、松永方の軍勢に幽閉されたが、奈良からの脱出に成功。近江矢島（滋賀県守山市）に逃れ、還俗して義秋（のち義昭）と名乗った。康之が新たな主君に選んだのがこの義秋である。

義秋が矢島に滞在しているとの情報を得た康之は、当地に赴き義秋の警固を申し出た。感心した義秋は、康之の同陣を許し、館の警固を申し付けたという。

　こうして康之は新たな主君を得ることになったわけであるが、それで康之の将来が約束されたわけではない。義秋は上洛して将軍の座につくことを望んでいたが、それが実現する保証はどこにもなかった。そして、義秋が将軍になることができなければ、松井家の復興どころか自身の生活さえ成り立たないというのが康之の置かれた状況だったのである。

図4　細川藤孝像（永青文庫蔵）

細川藤孝との出会い

　永禄十一年（一五六八）十月、義昭（義秋から改名）は上洛を果たし将軍の座につくが、これを支えたのが細川藤孝（一五三四～一六一〇）である。義輝の側近だった藤孝は、義輝殺害の報に接すると、奈良に幽閉されていた義昭を救出。義昭を将軍に擁立すべく行動を開始する。

　義昭が将軍になるには、京都から三好勢を排除しなければならず、それには軍事力が必要だった。義昭は上杉謙信、朝倉義景など有力大名に助力を求めるが、出兵に応じる大名はなかなか現れなか

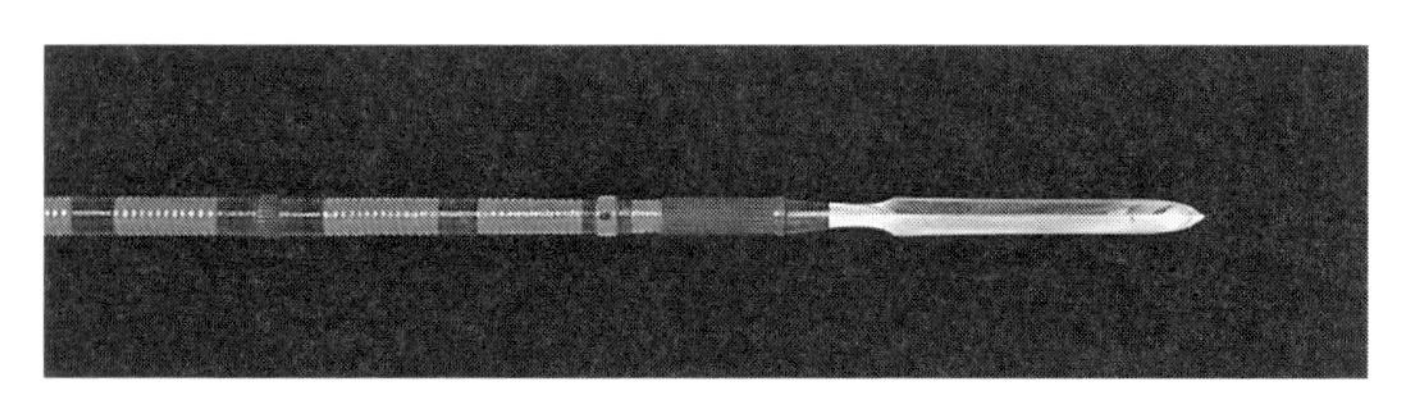

図５　足利義昭から拝領した朱柄の槍（松井文庫蔵）

った。そのような中藤孝は、岐阜の織田信長のもとを訪れ助力を求めた。細川家の家譜『綿考輯録』（巻二）によると、藤孝は、「貴殿の武略なしでは義昭の上洛は成功しない」と述べ、信長を説き伏せたという。藤孝の申し出を受けた信長は、永禄十一年九月、大軍を率いて岐阜を出発。近江の六角氏をやぶったのち、京都から三好勢を排除し、義昭を将軍の座につけた。

このように義昭は、信長の力で将軍になったのであり、信長を説得した藤孝の功は大きかった。義昭に従うことで将来を切り開こうとしていた康之にとって、大局を動かし幕府を再興させた藤孝はヒーローに映ったに違いない。晩年康之は当時のことを振り返り、「足利幕府は藤孝様の御智謀をもって再建された」（『松井家先祖由来附』一巻）と述べている。康之にとって藤孝こそが幕府を再興させたヒーローだったのである。

ところで、義昭を奉じた信長が京都をめざして進軍を開始すると、康之は義昭の指示で細川藤孝の一手に加わり、上洛戦を戦っている。当時康之は十九歳。それまで戦の経験はなかったものの、近江箕作城攻めでは、敵の首を討ち取る活躍をみせた。さらに、永禄十二年（一五六九）正月、京都奪還をもくろむ三好勢が義昭の在所である京都本圀寺に攻め寄せると、苦戦する細川軍の陣頭に進み将兵を励ますとともに、崩れ口に取って返し槍を合せ、敵を討ち取ったという。合戦後、康之の活躍を知った義昭は、康之を直に召し出し、褒美として朱柄の槍（図5）を与えている。その槍は、康之の武功を証する品として子々孫々に伝えられ、今もなお松井家の家宝として大切に保管されている。

細川藤孝を主君に選ぶ

このような康之の働きは、義昭のみならず藤孝の目にもとまることになる。本圀寺合戦後の永禄十二年春、藤孝は康之を手もとに留め置くため、居城である勝龍寺城下（京都府長岡京市）に屋敷と領地を与えるとともに、藤孝夫人の姪にあたる沼田光長の娘を養女に迎え、康之と縁組させた。この時点では客分扱いであったが、それから数年後、藤孝が義昭から離反すると、康之も義昭との主従関係を解消し、正式に藤孝の家臣になったものと考えられる。

藤孝が義昭のもとを離れたのは、元亀四年（一五七三）のことである。信長の単なる傀儡で終わることをよしとしなかった義昭は、信長に無断で御内書を発給するなどして抵抗した。藤孝は義昭を諫めたものの、対立は深まり、ついに元亀四年二月、義昭は信長討伐の兵をあげる。義昭側近の多くは義昭に従ったが、藤孝は義昭を見限り、信長に臣従する道を選んだ。

こうした中、康之も選択を迫られることになる。多くの幕臣が義昭に従ったように、康之には、義昭に従うという選択肢があった。しかし康之は、義昭ではなく藤孝を選んだ。『松井家先祖由来附』（一巻）によると、晩年康之は、側近に当時のことを次のように語ったという。

> 義昭公は武田信玄らに内通して信長公を亡き者にしようと企てた。藤孝様は信長公の功労を説いて義昭公を諫めたが聞き入れられず、出仕を差し止められてしまった。藤孝様の身にもしものことがあれば、自分（康之）は切腹しようと、外出の折は明衣・小脇差を箱に入れて持ち歩いた。自分が切腹することで、藤孝様に誤りなきことを示したかったからである。しかるところ、信長公が大軍を率いて上洛し、義昭公が降伏したので、藤孝様はことなきをえた。

この記述が示すように、康之は義昭のことを家臣の諫言に耳を貸さない器量のない人物と捉え、藤孝のことは身命を賭すに値する人物と捉えていた。康之は義昭と藤孝を天秤にかけ、器量に勝る藤孝を選んだのである。

山城勝龍寺城時代の活躍

西岡支配の奉行をつとめる

永禄十二年（一五六九）頃から天正八年（一五八〇）までの間、細川藤孝の居城となったのは、山城勝龍寺城（京都府長岡京市）である。永禄の変以降、勝龍寺城は三好三人衆の一人、石成友通の居城となっていたが、永禄十一年信長が上洛すると、開城を余儀なくされ、それからほどなく、藤孝の居城となったものと考えられる。

勝龍寺城を手に入れた藤孝は、それを拠点に西岡地域の支配を進めていった。西岡は京都の西を流れる桂川の西岸部に位置し、現在の京都市西京区から向日市、長岡京市にかかる地域である。天正元年（一五七三）七月、信長は藤孝に対し、「桂川西地」の支配を認める朱印状（叢書中世一四七号）を発給しており、西岡が藤孝の所領となったことがわかる。

ただし、信長がその支配を保証したからといって、藤孝の西岡支配が即座に現実化したわけでない。西岡には、藤孝がやって来るずっと前からその地域に根ざし活動してきた国人領主たちがいた。藤孝が西岡支配を現実のものとするには、彼らを服従させ、家臣化する必要があったのである。

藤孝の西岡支配を実現するうえで、重要な役割を果たしたのが、奉行人と呼ばれる七人の家臣である。次に示すのは、西岡国人衆の一人である革嶋秀存が隣郷大岡（京都市西京区）と用水をめぐり相論となったとき、奉行人の名で発せられた天正三年（一五七五）六月九日付の起請文（革嶋家文書、京都府立京都学・歴彩館蔵、図6）である。

敬白起請文事

右意趣者、大岡与革嶋境目事、双方御存分相紛間、以各愚意加異見、可相済候、不含私曲処者、

日本国中大小神祇、殊八幡大菩薩并面々氏神可罷蒙御罰者也、雖然、各不及分別時、

藤孝江得御意、以奉行法度を可申究者也、仍起請文如件、

天正参年　　長岡権介

六月九日　　直次（花押）

松井甚介
　康之（花押）
志水雅楽助
　清久（花押）
毛利六大夫
　勝次（花押）
上原左衛門大夫
　之能（花押）
三上兵衛
　友清（花押）
米田壱岐守
　求政（花押）

革嶋市介（秀存）殿
　まいる

大岡と革嶋氏の境目（さかいめ）相論については、自分たち奉行人が意見を加えて解決すること、裁定にあたっては私曲を含まないこと、奉行人が判断をつけられないときは、藤孝の御意

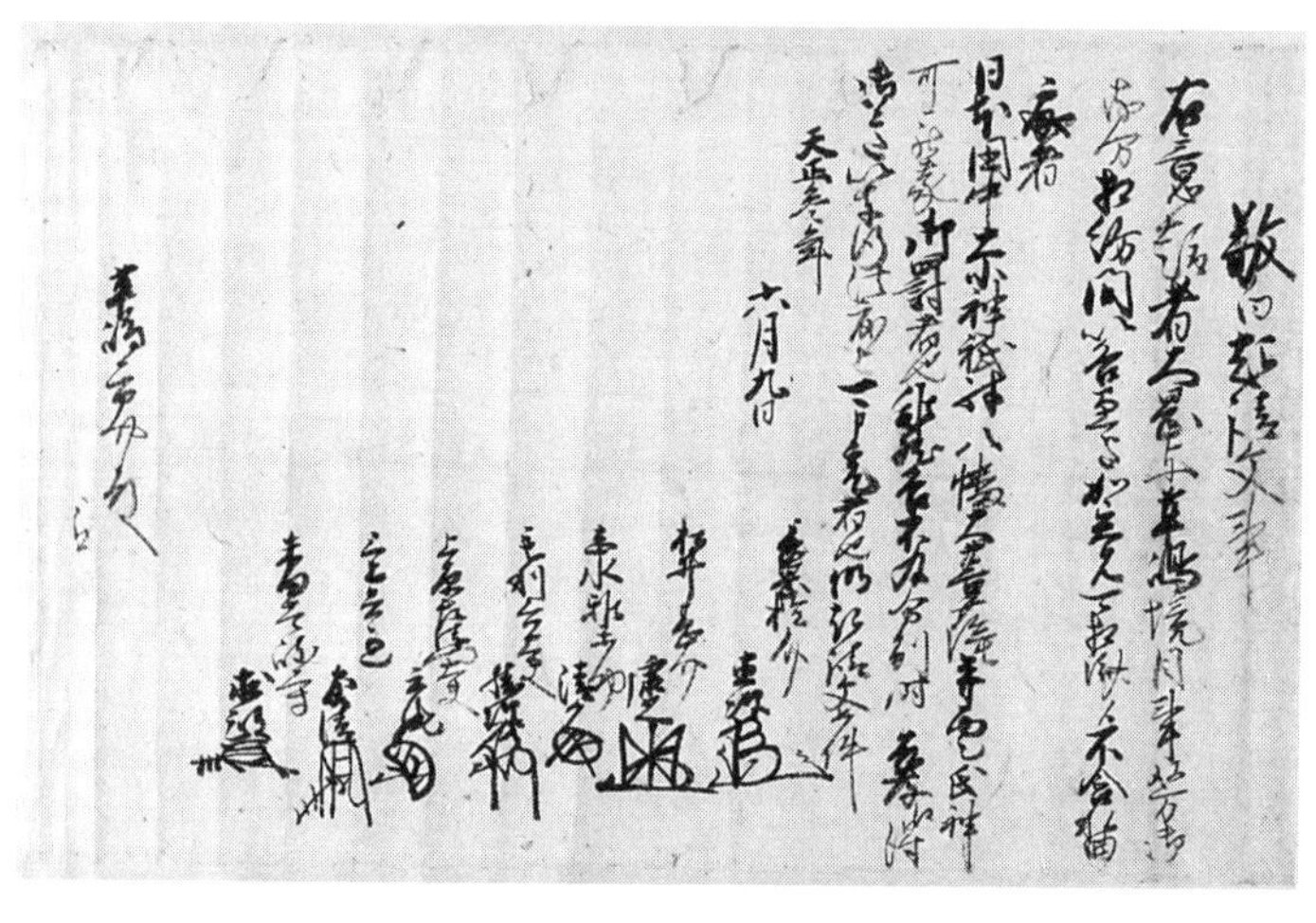

図6　細川藤孝奉行人連署起請文（革嶋家文書，京都府立京都学・歴彩館 京の記憶アーカイブ）署名の右から２番目に康之の名がみえる．

を得て決定を下すことが記されており、西岡地域の相論裁定が奉行人によって行われていたことがわかる。

また、差出人に着目すると、「松井甚介康之（やすゆき）」（図6）の名が見え、康之が奉行人の一人であったことがわかる。勝龍寺城時代における細川家臣団の序列編成は詳らかでないが、奉行人というポストが要職であったのは間違いないだろう。当時康之は二十六歳であったが、この頃すでに、重臣の一人として西岡支配の実働を担っていたのである。

ところで、ここに名を連ねる七人の家臣のうち、米田壱岐守求政（こめたいきのかみもとまさ）、長岡権介（ながおかごんのすけ）直次（なおつぐ）（沼田光友（ぬまたみつとも））は、康之と同様、室町幕府の出身者である。自らも幕府出身者である藤孝は、旧幕臣を積極的に登用したものと考えられ、康之の出自が奉行人抜擢の要素となったことは否めない。ただし、七人の奉行人のうち、家老までのぼりつめたのは康之ただ一人だけである（米田求政はその子孫が家老になっているが、本人は家老になることなく、亡くなっている）。このことは、当時の家臣団序列が流動的なものであったことを示唆しているといえよう。家柄が良くても、能力がなければ出世できない、そんな時代だったのである。

物集女宗入の暗殺

康之は、奉行人として西岡支配に携わる一方、策略家としての能力を生かし、藤孝に抵抗する物集女宗入（もずめそうにゅう）を暗殺するという働きをみせている。

宗入は物集女（京都府向日市物集女）に城を構える西岡国人衆の一人で、藤孝が勝龍寺城に入城した当初から、藤孝に敵対する行動をとっていた。藤孝が足利義昭（あしかがよしあき）の側近である曽我助乗（そがすけのり）に宛てた元亀元年（一五七〇）七月二十一日付書状（東大松井七七〇三四）には、「西岡の牢人ども、丹州へ相集まりこれある事候、種々調略致す趣、たしかに承り候、物集女城破るべきの由、度々仰せ出され候へども、今に同篇に候、さりとては勿体なき儀に候」と記されており、藤孝の支配に抵抗する一揆が形成され、物集女城がその拠点となっていたこと、藤孝がその破却を望んでいたことがわかる。

天正元年（一五七三）信長から西岡支配を認められた藤孝は、西岡国人衆の所領をいったん召し上げ、本領安堵と引き換えに臣下となることを求めた。革嶋氏、志水氏、築山氏など国人衆の多くはこれを受け入れ、藤孝の勝龍寺城に赴き本領安堵の御礼を述べたが、宗入は藤孝への抵抗を止めなかった。宗入は、藤孝から先祖代々の所領を安堵されるいわれはなく、御礼を申し上げる必要はないとし、登城を拒否したという。

このように宗入の存在は、藤孝が西岡支配を実現するうえで大きな障害となっていた。このため藤孝は、宗入の暗殺を企図することになるのであるが、その実行役に選ばれたのが康之であった。

大規模な軍事力を必要としない暗殺は、敵の力を削ぐうえでコストパフォーマンスの高い方法である。ただ、それを成功させるのは容易なことではない。暗殺の対象になるような要人の警備は当然厳しい。暗殺を成功させるには、警備が緩んだところを狙う、つまり敵の隙をつくという高度な技術が必要であった。

では、康之はいかにして宗入の暗殺を成し遂げたのか。暗殺が実行されたのは、天正三年（一五七五）九月下旬のことである。『松井家先祖由来附』（一巻）にはその顚末が次のように記されている。

物集女宗入の暗殺を命じられた康之は、宗入の機嫌をとって自分の屋敷に招いた。宗入が誘いにのってやって来たので、対面し言葉をかけて斬りつけた。宗入は脇差を抜いたけれども、深手をおって反撃できず絶命した。米田求政も応援にかけつけたが、すでに宗入は死んでいたので、二人いた家来のうち一人に斬りかかり仕留めた。残る一人は的場甚右衛門正廉（まとばじんえもんまさかど）が組み伏せ捕らえた。

この暗殺が成功したのは、康之が宗入の機嫌をとり、手薄な警固で松井屋敷にやって来るよう仕向けたからである。記述に従うならば、宗入が伴ったのは二人の家臣だけであった。このような少ない供しか連れずにやって来たのは、暗殺されるとは夢にも思っていなかったからだろう。まさに不意打ちだったのである。

宗入は藤孝と対立しており、当然、その家臣である康之に対しても敵愾心（てきがいしん）を抱き警戒していたはずである。康之がどのような手を使って宗入の機嫌をとったかはわからないが、敵対する相手であっても言いくるめてしまう、そこに康之の策略家としての才を見出すことができよう。後年康之は、細川氏を敵視する徳川家康を説得し、友好関係を取り結ぶという離れ業をやってのけているが、人を懐柔する才能は、若い頃から発揮されていたのである。

ところで、西岡を拝領して以降、藤孝は、信長の命令で数々の戦いに出陣している。信長は、石山本願寺の一揆衆をはじめ、畿内に多くの敵を抱えており、これらの敵対勢力を征圧するため藤孝を駆り出したのである。

過酷な戦陣を共にする

勝龍寺城時代に藤孝が参加した主な戦いは、山城淀城攻め（石成友通との戦い、天正元年〔一五七三〕）、河内貝堀砦の戦い（三好勢との戦い、天正元年）、越前一向一揆平定戦（天正三年）、石山本願寺攻め（天正四年）、紀伊雑賀攻め（天正五年）、大和片岡・信貴山城攻め（松永久秀との戦い、天正五年）、丹波・丹後攻め（天正五～七年）、摂津有岡城攻め（荒木村重との戦い、天正六年）である。

細川家には信長が藤孝に送った書状が複数伝来している。これらの書状を読むと、当時の戦いがいかに過酷なものであったかがわかる。たとえば、天正四年の石山本願寺攻めの際、信長は、藤孝に次のような書状（四月三日付、叢書中世一六四号）を送っている。

そちらは麦をことごとくなぎ捨てたか、なおもって油断なく申し付けるように。籠城する（非戦闘員の）男女は助けるので早々に城から出るよう、（本願寺の出入り口に）立札を立て伝えよ。しかし、坊主など役に立たない者は赦免するな。

「麦のなぎ捨て」は、兵粮攻めを意味する。信長は石山本願寺周辺の麦をすべて刈り取り、敵を飢えさせよと命じているのである。一揆衆の拠点である石山本願寺には、女性や子どもも籠城しており、兵粮攻めは彼らを飢えさせることを意味した。

信長は、城から出てきた男女については赦免するとし、非戦闘員への配慮をみせているものの、僧侶に対してはたとえ降伏しても赦免せず殺すよう命じており、この戦いが大量殺戮（さつりく）をも厭（いと）わない過酷なものであったことがわかる。

康之は藤孝に従いこの戦いに参加している。『松井家先祖由来附』（一巻）によると、康之は家臣坂井与左衛門に命じ刈田（かりた）を行わせ、一揆衆を困窮させたという。信長が藤孝に下した過酷な命令は、康之によって実行されたのである。

康之は、この石山本願寺攻めを含め、勝龍寺城時代に藤孝が出陣した戦いには、すべて従軍している。この時代の康之は、過酷な戦場で藤孝と生死をともにする生活を送っていたのであり、このことが二人の主従の絆を深めたものと考えられる。

ところで康之は、摂津有岡城攻めで信長の感賞を受けるほどの活躍をみせている。有岡城攻めは、信長を裏切り本願寺・毛利方と手を結んだ荒木村重を討つために行われたものである。信長は自ら軍勢を率いて有岡城を攻め立てるが、敵の反撃にあい城を落とすことができなかった。このため、有岡城の四方に付城（つけじろ）を築き、仕寄（しより）攻めにする作戦をとった。このとき康之は信長から屏嶋（へいじま）の付城を任されている。屏嶋には多くの敵勢が攻め寄せたが、康之はこれを防ぎ、後日、信長から褒美の言葉をかけられたという（松井三―四七五）。

屏嶋は藤孝とは別に康之に任された付城である。藤孝は池田の付城を任されているので、屏嶋で指揮をとったのは、康之だったことになる。

のちに康之は、細川軍の一備を預かる旗頭（はたがしら）となるが、軍事指揮官としての彼の能力はこの時期すでに発揮されていたのである。

城持ち家老松井家の成立

戦国時代において、家老になることは、戦場における指揮権を得ることを意味した。大名の軍隊は、「備（そなえ）」と呼ばれる軍団を基本単位に構成され、総大将たる大名家当主が構える軍団を「旗本備（はたもとぞなえ）」、先鋒をつとめる軍団を「先備（さきぞなえ）」、後方を守る軍団を「後備（あとぞなえ）」といった。戦闘の多くを担うのは「先備」で、主力部隊が配置され、その指揮官には一門・家老が任じられた。つまり家老は、「先備」の大将として、大名軍の主力部隊を指揮したのであり、その能力は勝敗を左右するほどの影響力をもったのである。

丹後国替と家老就任

康之（やすゆき）が細川家の家老になったのは、藤孝（ふじたか）に仕えておよそ十年が過ぎた天正八年（一五八〇）のことである。この年藤孝は、信長から丹後十二万石の大名に取り立てられ、居城を山城勝龍寺城から丹後宮津城（京都府宮津市）へ移している。

領地を大幅に加増された藤孝は、細川家臣の拡充をはかるとともに、軍制の改編を行った。これまで細川軍は藤孝と長男忠興が指揮する一備だけで構成されていたが、新たに左備と右備の二備を追加し、左備の指揮官に次男細川興元を、右備の指揮官に康之をあて、二人を家老に定めた。つまり康之は、細川軍の主力部隊を指揮する権限を得たのであり、以後康之の行動は、大名細川家の命運を左右するほどの影響力をもつことになったのである。

丹後水軍を率いて大活躍

康之の軍事指揮官としての能力が試されるときはすぐにやって来た。丹後に入封した翌年の天正九年（一五八一）七月、藤孝は信長から因幡方面に援軍を送るよう命じられる。因幡では羽柴秀吉による鳥取城攻めが行われており、これを海上から支援するための水軍派遣要請であった。

信長は、毛利氏が支配する中国地方への進出を企図し、その足がかりとして、秀吉に鳥取城を攻めさせた。秀吉は城を包囲し食料を絶つという作戦をとったが、毛利氏は強力な水軍を有しており、海上からの反撃が予想された。鳥取城を落城させるには、毛利水軍に対抗しうる水軍が必要であり、ゆえに信長は、丹後水軍の派遣を命じたのである。

そもそも信長が藤孝に丹後一国を与えたのは、丹後水軍を毛利攻めに活用するためだったと考えられる。つまり、藤孝は、丹後水軍を率いることを期待され、大名に取り立てられたのであり、丹後水軍の派遣は、藤孝が丹後国主であり続けるために、なんとしても果たさなければならない任務だったのである。

　この重大な局面に際し、水軍の指揮を任されたのが康之である。康之はそれまで水軍を率いた経験はなかったものと考えられるが、藤孝の期待に見事に応え、毛利水軍を駆逐する働きをしている。以下、康之の活躍をみてみよう。

　丹後を出軍した康之は、八月下旬、鳥取城下の湊川（みなとがわ）に着岸。そこで秀吉と対面し、湊川河口の警備を命じられる。秀吉がこのような命令を出したのは、毛利水軍の襲来を危惧してのことであったが、その予測は的中し、湊川河口に毛利氏配下の水軍が押し寄せる。『松井家先祖由来附』（一巻）によると、襲来したのは、石見国の鹿足元忠を大将とする兵粮船五艘、兵船十艘からなる船団であったという。

　この敵襲に対し、康之がとった作戦は、商船を装って敵中に紛れ込むという奇策だった。康之は甲冑を着けずに小船に乗り込み、物売りの真似をして敵船のあいだに紛れ込んだ。そして、あらかじめ待機させておいた味方の船と示し合せて敵船に松明（たいまつ）を投げ入れ、攪乱（かくらん）。混乱に乗じて、敵の旗艦に乗り込み敵将鹿足元忠を討ち取り、敵軍を敗走させた。

　まさに康之の作戦勝ちであり、軍事指揮官としての康之の能力の高さを証明する勝利で

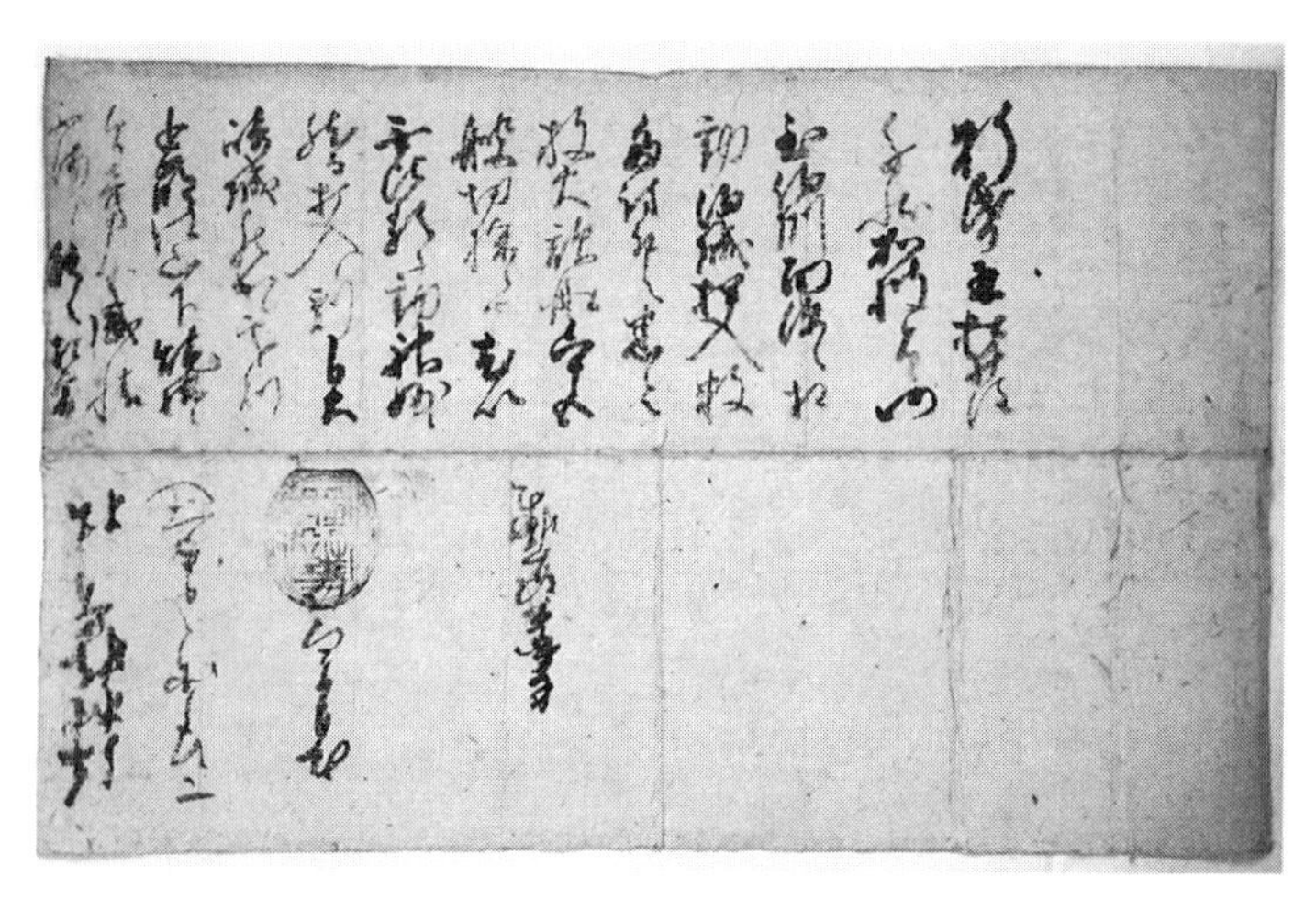

図7　織田信長黒印状（永青文庫蔵，熊本大学附属図書館寄託）

あった。敵の意表をつく康之の戦法は、秀吉さえも脱帽させた。秀吉は、甲冑を着けず物売りに扮した戦法をことのほか気に入り、「これを松井流と称し、その心がけを手本とするべきだ」と述べ、康之を賞賛したという。

康之の活躍は、さらに続いた。湊川の戦いに勝利した康之は、伯耆方面へ船を廻し、毛利方の重要拠点である泊城（鳥取県東伯郡湯梨浜町）、大崎城（鳥取市気高町）を攻略。この戦いで康之は、敵船六十五艘を撃破するなどの戦果をあげており、その働きは、信長をもうならせるほどであった。秀吉を介して康之の活躍を知った信長は、藤孝に次のような書状（叢書中世一九六号、図7）を送っている。

松井康之の注進状を読んだ。伯耆へ進軍

し、泊城へ押し入り、敵を数多討ち取り、ことごとく放火し、敵船六十五艘を切り捨てたとのこと、比類なき働き神妙である。そしてまた、大崎城から出て来た敵を追い崩し、城下を焼き払ったとのこと、その働きに感激している。さらに粉骨するよう康之に申し聞かせよ。

このように康之は、信長・秀吉から賞賛される働きをした。言うまでもなくそれは、藤孝の大名としての評価を高めるものであった。

本能寺の変

康之の活躍のおかげで、丹後国主として順調なスタートをきった藤孝であるが、鳥取城攻めの翌年（天正十年〈一五八二年〉）、細川家を震撼させる大事件が起こる。明智光秀が反旗を翻し、本能寺で信長を討ったのである。藤孝と光秀は、義昭上洛以来の盟友であり、光秀の娘玉（のちのガラシャ）は、藤孝の息子忠興の妻であった。光秀と深い関わりをもつ藤孝は、何もしなくても明智一味と疑われる立場にあったのである。

藤孝が光秀の謀叛を知ったのは信長が殺害された翌日の六月三日のことである。その日藤孝は中国遠征のため宮津を出馬したところで、愛宕山下坊の住職幸朝からの早打で、光秀が信長を討ったことを知ったという。また同じ頃、明智方からの出軍要請が藤孝のもとに届けられた。

光秀に味方するか否かの岐路に立たされた藤孝は、剃髪して宮津城に籠るという選択をする。畿内の状況を見極めたうえで、立場を決するというのが、藤孝の方針だったのだろう。

　これを受け康之は、動乱の中心となっている京都の様子を探ることを提案し、自ら京都に向かった。そこで秀吉の出馬を確信した康之は、大坂の丹羽長秀を介して、藤孝・忠興父子が光秀の謀叛にいささかも同心していないことを秀吉に伝えた。長秀は信長重臣の一人で、康之とは日頃より入魂の関係にあったという。康之がこのような行動をとったのは、秀吉が動けば光秀に勝ち目はなく、藤孝・忠興を守るには、早急に秀吉と交渉し、味方の承認を得るべきだと考えたからであろう。まさに先見の明というべきである。

　さらに康之は、秀吉側近の杉若藤七無心に書状を送り、藤孝・忠興父子の無二の忠義を訴えた。これを受け秀吉は、康之に返書を送ったという。秀吉の返書は江戸時代初期に火事で焼失し内容を知ることはできないが、この返書には杉若藤七無心の書状（東大松井二二〇四二）が副えられており、次のように記されていた。

> 西国表の儀は存分のまま申し付け、両川（吉川・小早川）と人質を定め、三ヵ国を渡し、去る六日、秀吉は姫路に帰着した。あなたは丹羽長秀と入魂なので、疎略にはしない。こちらに用事があれば遠慮なく仰せ越されなさい。明日九日、ことごとく出陣

する予定である。なお、重ねて申し入れるので詳細は述べない。

六月八日　　　　杉　藤七無心

松井猪助（康之）殿

秀吉が毛利方との和睦を成立させ、六日に姫路に帰着したこと（実際に帰着したのは七日ヵ）、藤孝を疎略に扱わないこと、明日九日に光秀を討つため出陣することが記されている。自方の軍事情報を伝えたうえで、藤孝を疎略に扱わないことを約束しており、これは味方の承認とみていいだろう。康之の交渉は成功したのである。

その後、秀吉は明智軍との戦いに勝利し、天下の実権を握る。秀吉に従った藤孝・忠興父子は明智一味の嫌疑をかけられることなく、本領を安堵された。康之の時局を見極める眼力と人的ネットワークを利用した巧みな交渉は、豊臣政権下で細川家が存続することを可能にしたのである。

なお、本能寺の変を受け剃髪した藤孝は、動乱が治まると家督を忠興に譲り隠居。以後、幽斎と名乗った。

康之の加増を支持する秀吉

本能寺の変から四ヵ月が経過した天正十年（一五八二）十月、康之は二万石の領地を与えられ、熊野郡久美浜（京都府京丹後市久美浜町）に新しく城を築くことを許された。つまり、康之は城持ちになったわけであるが、この加増には、康之を引き立てようとする秀吉の意志が介在していた。次に示すのは、秀吉が細川忠興に宛てた（天正十年）七月十一日付書状（叢書中世二〇九号）である。

丹後国についてはあなたが一円に知行すべきところ、明智が掠奪し丹波境に二つの城を築き、所々知行したとのこと。しかしながら、このたびあなたは公儀に対し比類なき覚悟をもって行動したので、「彼押領分」「同家来当知行」「矢野分」については、私が聞き分け（「我等聞分申候条」）、新たな領地として一職に知行することを認める。ただし、松井康之がいよいよ人数を持つことができるよう、新領地のうち三分の一を康之に与えるべきことはもっともである。

「彼押領分」「同家来当知行」とは、本能寺の変の折、明智家臣によって占領された丹後国内の領地を指すものと考えられる。また、「矢野分」とは、旧丹後守護一色氏の重臣矢野藤一郎が支配していた領地を指すものと考えられる。本能寺の変が勃発すると矢野藤一郎は、明智方に与する動きをとったという。つまり秀吉は、丹後国内にある明智方の領地を新たな領地として忠興が領有することを認めるとともに、新領地のうち三分の一を康之に分与することを承認したのである。

書中に記される「我等聞分申候条」の文言から類推するに、本状は忠興の求めに応じて発給されたもので、したがって、康之への加増も忠興の要求に基づくものであったと考えられる。忠興は、康之に加増することを理由に、明智知行分の領有承認を秀吉に迫ったのだろう。

先に述べたように、秀吉は、鳥取城攻めにおける康之の働きを高く評価していた。康之の能力を知る秀吉にとって、忠興の要求は歓迎すべきものであったに違いない。

秀吉は同日付で康之本人に対しても書状（東大松井二二〇二四）を発している。この書状には、「明智知行分のうち、三分の一をあなたに遣わすよう申したので、軍勢を増やし励みなさい」と記されており、秀吉が康之に期待し、その加増を積極的に支持したことがわかる。

松井軍団の成立

こうして康之は、丹後久美浜二万石の領主となった。久美浜は日本海に面した港町で、但馬（たじま）国と国境を接する要衝の地である。康之が築いたとされる久美浜城（別名松倉城）は、標高五十九メートルの山城で、眼下に久美浜湾を望むことができる。当時の城郭や城下町の様子を伝える史料や遺跡は確認できないものの、久美浜湾を活用した城下町づくりが行われたものと考えられる。また、城持ちとなった康之は、従来の家臣に加え、多くの牢人を召し抱えたというので、久美浜城下にはそれなりの規模の侍屋敷が形成されたと考えられる。

ところで、武士にとって城は権力の源泉である。大名家の家臣であっても、城持ちとな

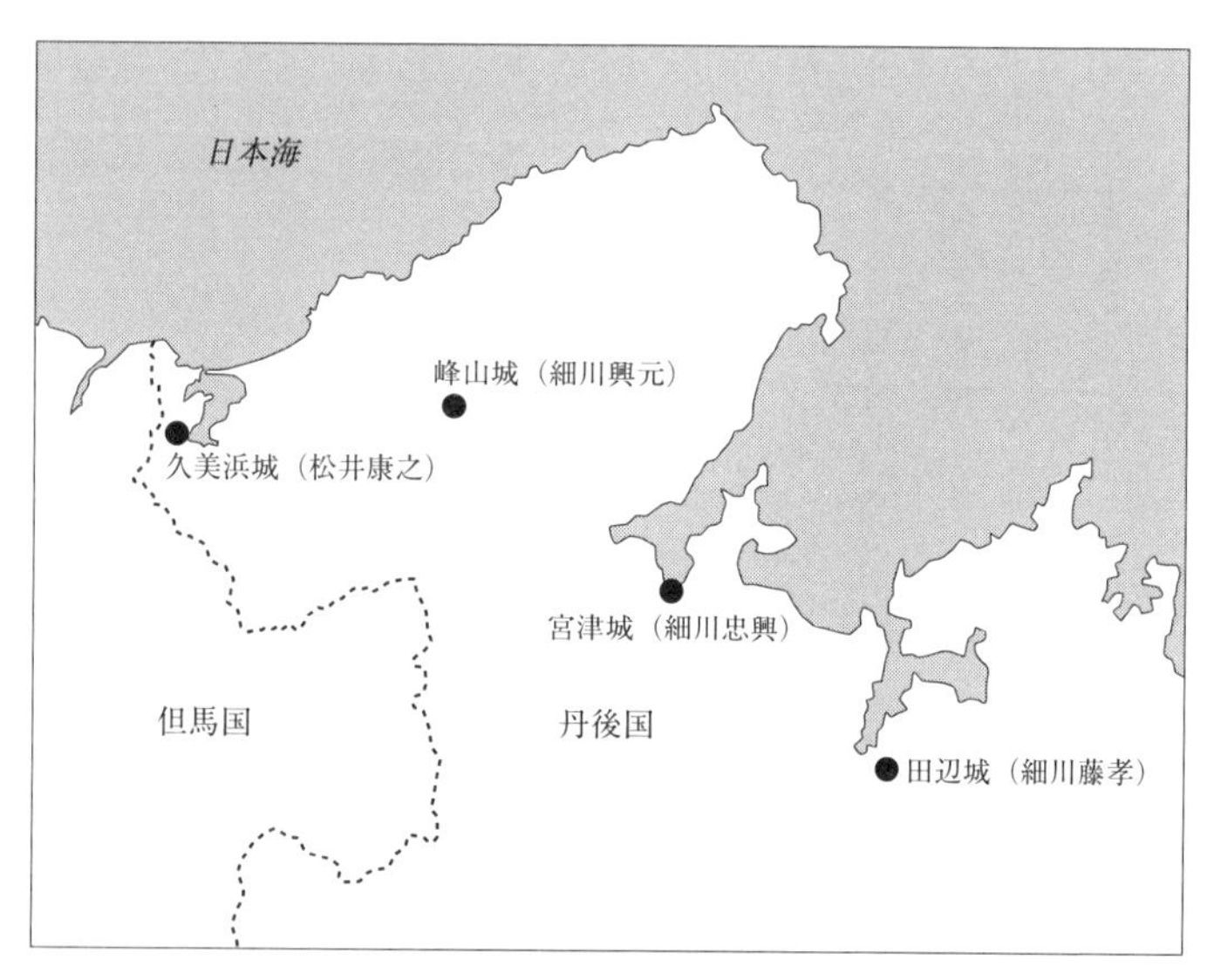

図8　丹後細川領の主な城地

れば、城廻りに設定された広大な領地を自力で支配することができたし、その領地を分与することで多くの家臣を召し抱えることができた。つまり、城持ちは、独立した領主であり、主君に匹敵しうるほどの経済力と軍事力を有していたのである。

このため、城持ち家臣は大名にとって脅威となりうる存在であった。明智光秀が主君である信長を討つことができたのも、光秀が近江坂本城主で、独自の家臣団を有していたからである。光秀が独立した軍事力をもたない単なる行政官であったならば、いくら防御が手薄だったとはいえ、信長を討ち、安土城に入ることなど物理的に不可能であっただろう。

のちに成立した徳川政権は、大名に対し、居城以外の城を破却するよう命じた。元和元年（一六一五）の一国一城令（いっこくいちじょうれい）である。この法令は、大名の軍事力を削ぐための政策として語られることが多いが、目的はそれだけではなかった。一国一城令のもう一つのねらいは、大名家臣の城を破却することで、その自立性を奪うことにあった。簡単にいうと、大名家臣の下剋上（げこくじょう）を阻止するための方策だったのである。

康之もまた城持ちとなったことで、大きな力を手に入れることになった。久美浜城を与えられた康之は、その周辺地域に二万石の領地を与えられ、熊野郡一円規模の支配権を認められた（吉村豊雄『近世大名家の権力と領主経済』第一部第一章）。そして、大規模な領地を与えられたことで康之は、多くの家臣を召し抱えることができた。久美浜城時代の松井家臣団の詳細は不明であるが、二万石という知行高から考えるに、数百人規模の家臣団が創出されたものと推察される。すなわち、松井軍団とも呼ぶべき、康之直轄の軍事集団がここに成立したのである。

このように、城持ちとなったことで康之は、忠興を脅かすことができるほどの経済力と軍事力を手に入れた。ただ後述するように、その力はもっぱら細川家存立のために使われることになるのである。

政権移行期の松井康之

秀吉・家康との関係

豊臣直参の扱い

秀吉が康之を高く評価し加増を承認したことはすでに述べたが、秀吉の康之に対する厚遇はその後も続いた。天正十三年（一五八五）十一月、秀吉はこれまでの康之の軍功を賞し、山城神童子村（京都府木津川市山城町）百六十石あまりを安堵するとともに、康之の母春洞院への扶助として、新たに山城八瀬村（京都市左京区八瀬）のうちに十三石の知行地を与えた。百七十三石の少知とはいえ、この知行地の給付は、康之と秀吉とのあいだに直接的な主従関係が結ばれたことを意味する。すなわち康之は、細川家臣でありながら豊臣直参という複雑な立場に置かれることになったのである。

この知行地給付を契機に、秀吉は康之を自分の家臣のごとく扱うようになる。天正十八年（一五九〇）奥州で一揆が勃発すると、康之は秀吉の命令で、浅野長政に付属し一揆平定の任にあたっている。この命令は忠興を介して発せられたものではなく、秀吉から直々に受けた命令であった。しかも、康之が付属させられた長政は、豊臣五奉行の一人で秀吉の重臣である。つまり康之は、忠興の家臣としてではなく、豊臣家臣として奥州に派遣されたのである。

このような扱いを受けることを康之がどのように思っていたかはわからないが、豊臣サイドからするならば、それは厚遇であった。秀吉の側近で康之と親交のあった千利休は、奥州滞在中の康之に対し、次のような書状（天正十九年正月二日付、松井一―六五）を送っている。

> 思いがけなく奥州に逗留することになり、現在、二本松（福島県二本松市）に浅野長政と同陣されているとのこと、奇特なことです。さりながら、名誉なことです。このことは上様（秀吉）の耳にも入り、感心なさっています。

利休は、奥州で越年することになった康之の労をねぎらいつつ、これを名誉なこととしている。利休の目には、豊臣家臣として働きの場を与えられた康之が厚遇を受けているように映ったのである。

ところで、康之が無事任務を終え帰陣すると秀吉は、褒美として兜（図9）と鎧を与

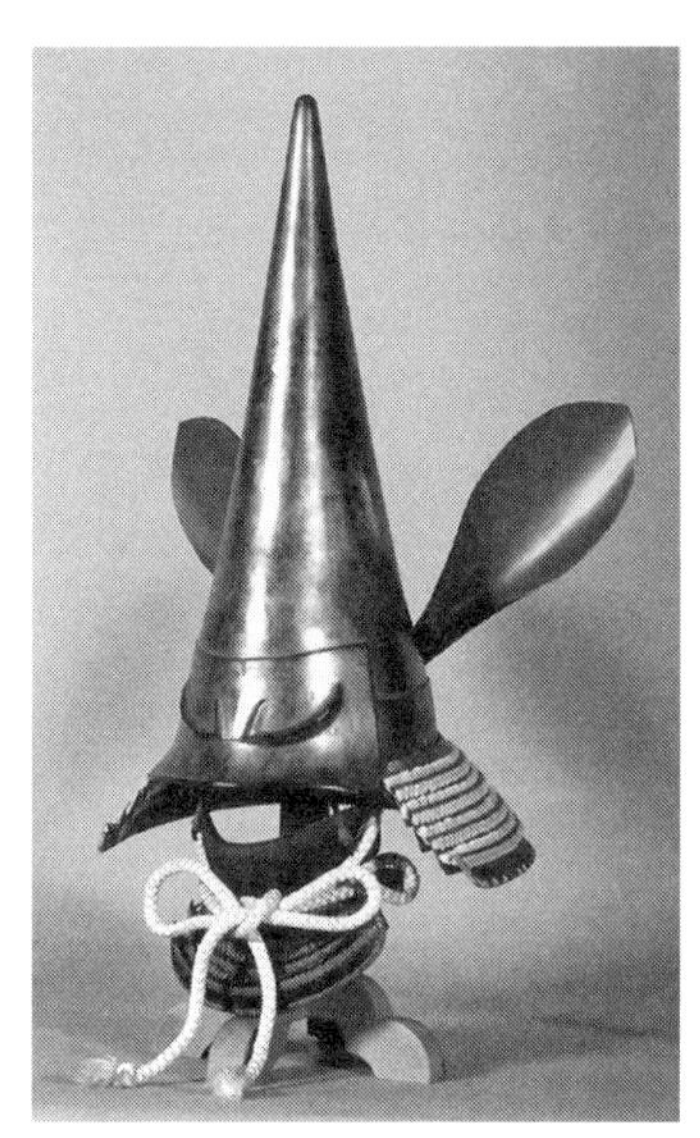

図9　秀吉から与えられた兜
（松井文庫蔵）

えている。武器・武具の下賜は主従の絆を深める意味があり、その行為からは康之との主従関係を実体化しようとする意図がみてとれる。

大名取り立ての誘い

秀吉が康之との主従関係を望んだのは、有能な武将である康之を自分の手駒として使いたいと考えたからであろう。しかし康之が忠興の家臣でいる限り、彼を自由に使うことはできない。そこで秀吉は、康之を大名に取り立てようとする。文禄二年（一五九三）十一月、秀吉は朝鮮出兵から帰国した康之を召し出し、石見半国（島根県西部）の進呈を申し出る。すなわち秀吉は、康之を細川家から独立させ、直参大名に取り立てようとしたのである。

康之は細川家の政治・外交・軍事の中核を担う人物であり、もし康之が秀吉の誘いに応じていれば、細川家中は混乱に陥ったはずである。しかし、康之がこれに応じることはなかった。康之は、藤孝・忠興父子の意に背くようなことはできないとし、秀吉の申し出を

図10　秀吉から与えられた「深山の茶壺」（松井文庫蔵）

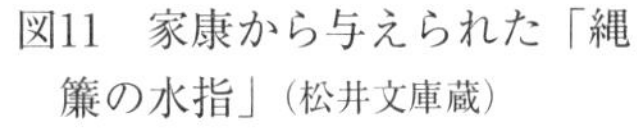

図11　家康から与えられた「縄簾の水指」（松井文庫蔵）

断ったのである。

このように康之は、大名になることよりも、細川家に忠義を尽くす道を選んだ。康之の人生にとって、この選択が良かったのか悪かったのかはわからない。ただ一つだけ言えるのは、康之が細川家に留まる選択をしたことで、細川家は政治・外交・軍事の支柱を失わずに済んだということである。

ところで、康之が大名取り立てを辞退すると秀吉は、その忠義を賞して、領国の代わりに茶壺（図10）を与えている。この茶壺はいわゆるルソン壺と呼ばれる舶来品で、胴部に刻まれる波線が山々の連なりを連想させることから、「深山の茶壺」と呼ばれている。付属する蓋の裏には、千利休の花押が据えられているので、利休が鑑定した可能性が考えられる。康之は茶の湯を好み、利休に師事していたので、これはうれしい贈り物だったに違いない。この「深山の茶壺」は、康之の忠義を表象する品として、松井家に伝来している。

家康との交流

康之が領国を断り茶壺をもらったという話は、徳川家康の耳にも届いた。康之の忠義に心を動かされた家康は、秀吉とはりあうかのように、水指（みずさし）（図11）を贈っている。家康は、山岡道阿弥（やまおかどうあみ）に命じて愛蔵の水指に名をつけさせ康之に与えたという。拝領した水指は、朝鮮半島で作られたもので、表面には白土象嵌（しらつちぞうがん）で縄状の文様がほどこされている。一般には三島暦（みしまごよみ）の流れ文字に趣が似ていることから、「三島手（みしまで）」と称されるが、山岡道阿弥がこれに「縄簾（なわすだれ）」の名をつけたので、「縄簾の水指」と呼ばれている。

この話が物語るように、康之は家康からも好意をもたれていた。そのきっかけとなったのは、天正十二年（一五八四）の小牧（こまき）・長久手（ながくて）の戦いである。

この戦いは、家康と秀吉の戦いであり、康之は秀吉方として戦いに参加している。したがって、家康にとって康之は敵方の武将だったことになるが、家康はこの戦いで康之の働きを目撃し、好意をもつようになった。

四月九日の長久手の戦いで秀吉軍は敗北を喫し撤退を余儀なくされるが、このとき康之は細川軍のしんがりをつとめた。そして家康軍の一部が追い討ちをかけてくると、手早く人数を繰り出し敵軍を追い返した。小牧山からそれを見ていた家康は、「細川軍を指揮しているのは松井に違いない」と述べたという。

康之の指揮振りがよほど印象的だったのだろう。戦いから二年が経過した天正十四年（一五八六）、家康は京都三条新町の旅館に康之を呼び出し、三時（みとき）（およそ六時間）ほども留め置き、合戦について語らい、手柄のしるしとして脇差（わきざし）を与えたという。

このように家康と知己（ちき）の関係を得た康之は、細川家中において、家康との外交取次を担当するようになる。次に示すのは、秀吉の第一次朝鮮出兵が発動される中、家康が康之に送った書状（文禄元年〔一五九二〕五月三日付、東大松井二二〇二八）の内容である。

書状をもらい祝着至極（しゅうちゃくしごく）である。細川忠興殿が対馬への渡海を命じられたとのこと、まことに大儀である。さて、浅野長政は一昨日、（秀吉）に召し出されたので安心しなさい。幽斎の到着はまだである。昼夜待つまでだ。

追伸。忠興殿へ便書をもって申し入れるので、よろしく頼む。

文禄元年（一五九二）に第一次朝鮮出兵が発動されると、忠興は壱岐、対馬経由で朝鮮に渡り、康之もそれに従った。いっぽう家康は、秀吉が本陣を構える肥前名護屋（なごや）に帯陣していた。本状はこのような状況のなか書かれたもので、その文面から、忠興の動向が康之を介して家康に伝えられたこと、家康が忠興への便書の取次を康之に依頼したことがわかる。

本状は、康之が家康と忠興を仲介していたことを示すものであるが、同時に康之と家康の親密さも伝えている。書中には、浅野長政が名護屋で秀吉に召し出されたことが記されている。この頃長政は、秀吉の勘気(かんき)をこうむり出仕を差し止められていた。長政と親交のある康之は長政のことを心配しており、これを察した家康は、長政が秀吉から赦免されたことを知らせたのである。

長政は豊臣五奉行の一人で、その処遇は政権中枢に関わる重大情報であったはずである。それをいち早く康之に知らせたことは、二人のあいだに信頼関係が築かれていたことを示唆しているといえよう。そして、この関係は、細川家存亡の危機を救うことになるのである。

関白秀次事件

文禄四年（一五九五）七月、秀吉の甥で関白の地位にあった豊臣秀次(ひでつぐ)が謀叛(むほん)の嫌疑をかけられ切腹するという事件が起こる。後継ぎにめぐまれなかった秀吉は、秀次を養子にして関白職を譲ったものの、その後、実子（秀頼(ひでより)）が生まれると、秀次をうとましく思うようになり、ついには謀叛の嫌疑をかけ切腹させてしまう。このとき、秀次の近臣も処刑されているが、その中には細川忠興の娘婿である前野出雲守長重(ながしげ)とその父但馬守長康(ながやす)がいた。このため忠興は、秀次一味の疑いをかけられてしまうのである。

『松井家先祖由来附』（一巻）によると、石田三成ら秀吉の奉行たちは、忠興が秀次に一味して黄金百枚を貰い受けたとし、忠興を切腹に処しようとした。これを知った忠興は、三成の讒言であると激怒。もし切腹を言い渡されたならば、一戦に及んで伏見を焼き払い黒土にすると息巻いた。これを聞いた康之は、「御両親様の平安を願うならば、切腹の沙汰におとなしく従い忠孝の道を全うすべきである。そのときは自分が介錯して冥途のお供をしよう。しかしながら、まずは、潔白であるとの申し開きを秀吉にするべきである」と述べ、忠興を諫めた。

これを聞き入れた忠興は、奉行衆の一人である前田玄以を介して、秀吉に申し開きを行う。すると秀吉は、赦免の条件として、黄金百枚の返納を求めてきた。黄金百枚を貰っていないというのが忠興の言い分であり、その返納を求められるのは理にかなわないことである。しかし、黄金百枚を秀吉に差し出さなければ、切腹させられてしまうかもしれない。それが忠興の置かれた状況だった。

家康に借金を申し込む

忠興は本当に黄金を貰っていなかったらしく、手許に黄金はなかった。このため、前田利家や浅野長政など懇意にしている大名に借金を申し込むが、ことごとく断られてしまう。康之も金策に奔走したが、大金であるため調

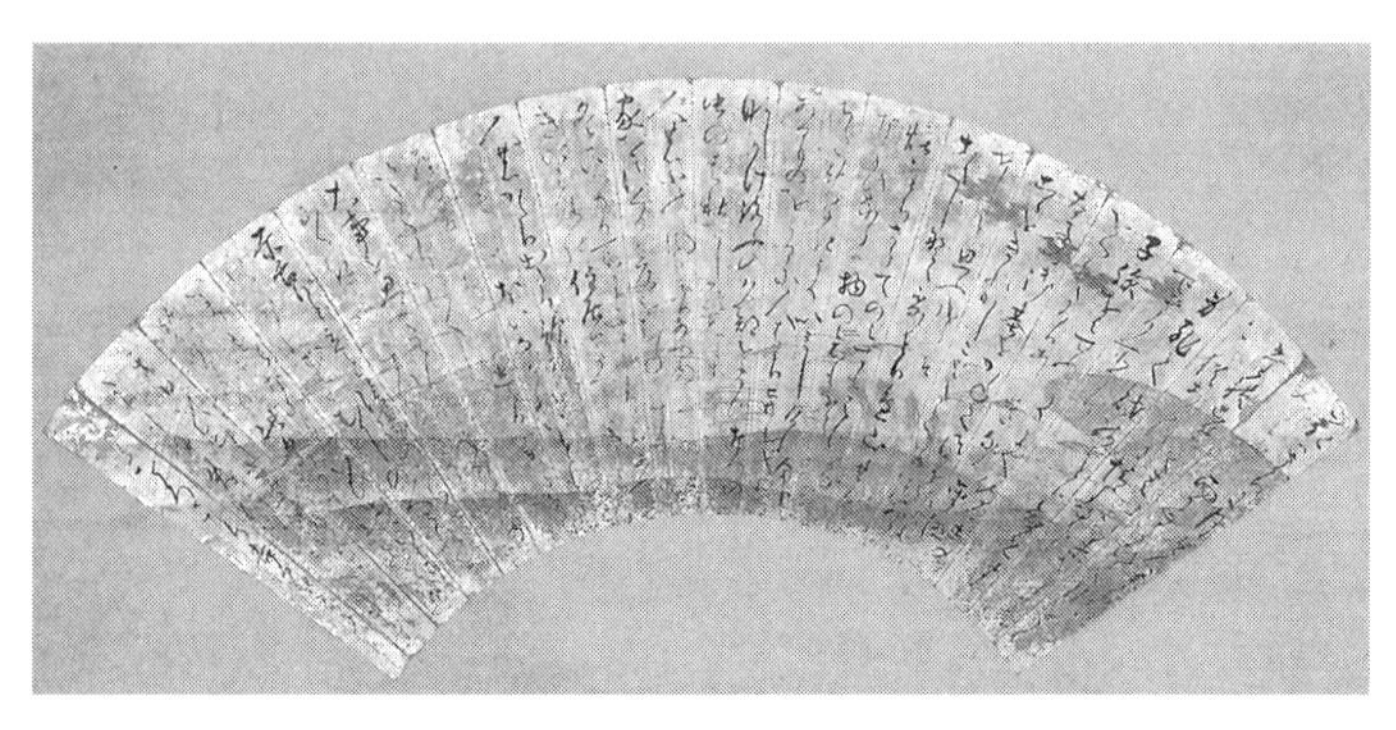

図12　徒然草扇面（松井文庫蔵）

達は難しかった。そこで頼ったのが家康である。

康之は借金を頼むべく、単身、家康のもとに向かう。康之が伏見の家康屋敷を訪れたとき、家康は風邪で臥せっていたが、訪問したのが康之だと知ると、寝所に通した。そして、話を聞くと、「安きことである」と述べ、貯えていた黄金の中から百枚を取り出し、康之に渡したという。さらに、緊張と暑さのために大汗をかいている康之を気遣い、手許にあった扇子（図12）を与え、これで汗をおさめるようにと述べたという。扇面に徒然草の一節が記されたこの扇子は、江戸時代に表装され、掛物として今日に伝来している。

こうして黄金百枚は調達され、忠興は赦免された。康之の人脈が細川家を救ったわけであるが、康之の功績は単に黄金百枚を調達したことにとどまらない。当初忠興は、謀叛の嫌疑に対し、武力で抵抗しようとした。もし忠興が一戦に及んでいたならば、細川家の命運は尽きていたことだろう。この意味で、短気を起こそうとした忠興を諫めたことも、大きな功績だったといえよう。

ところで、晩年康之は、自身の功績を息子興長（おきなが）に伝えるため、一通の覚書（松井三―四七五）を作成している。この覚書には、近江箕作（みつくり）城攻めや本圀寺（ほんこくじ）合戦など戦場での働きとともに、秀次事件のことが記されている（「関白殿御果候刻、忠興様御大事に及ばれ、御難儀の時の事」）。康之にとって、このときの働きは、武功に勝るとも劣らない手柄として記憶に刻まれていたのである。

丹後討伐の回避

家康暗殺の謀議

慶長三年（一五九八）八月、秀吉が死去する。秀吉の遺児秀頼はわずか六歳であったため、豊臣政権は、遺命に従い五大老（徳川家康・前田利家・宇喜多秀家・上杉景勝・毛利輝元）・五奉行（前田玄以・浅野長政・増田長盛・石田三成・長束正家）の合議によって運営されることになる。五大老の筆頭は家康と前田利家で、利家は秀頼の後見人として大坂城に入り、家康は伏見屋敷で政務を監督した。

しかし、慶長四年閏三月に利家が亡くなると、家康は石田三成を政権の中枢から排除するなどして、権力の独占化を進める。そして、その年の九月に大坂入城を果たし、政権運営の主導権を握ったのである。

そのようなとき、再び細川家を危機が襲う。今度は家康から謀叛の嫌疑をかけられたのである。嫌疑の内容は、前田利長（利家の息子、加賀金沢城主）が家康の暗殺を計画し、親戚である忠興がこれに加担したというものであった。利長の妹は、忠興の息子忠隆の妻で、細川家と前田家は姻戚関係にあった。

このような暗殺計画が本当にあったのか、実のところよくわからない。細川家や松井家の記録では、利長と忠興は無実で、三成が話をでっちあげ、家康に密告したということになっている。これは三成を悪者にしようとする後世の作為の可能性が考えられる。ただ、暗殺計画の風聞が立ったのは確かだろう。ともかくも家康は、利長と忠興を謀叛の嫌疑で断罪しようとしたのである。

利長の父は家康とともに五大老筆頭をつとめた利家である。利家はすでに亡くなっていたが、豊臣恩顧大名の筆頭たる前田氏の存在は、家康にとって依然として脅威であったはずである。信憑性の低い風聞であったとしても断罪して身の安全をはかりたい、それが家康の真意ではなかったのだろうか。前田家と姻戚関係にあった忠興は、いわばそのとばっちりを受けたわけである。

慶長四年（一五九九）十月、家康は加賀小松城主の丹羽長重に前田家討伐の先手を命じるとともに、金森長近（飛驒高山城主）・有馬則頼（播磨三木淡河城主）を介して、丹後出兵の用意のあることを細川家に伝えた。

丹後で知らせを受けた忠興は、疑いを晴らそうと、潔白である旨を記した誓詞を作成し、これを家臣の加賀山源八に持たせた。源八には忠興の弟興元がつきそい、家康のもとを訪ねたが、家康は康之を寄越すよう言うだけで埒が明かなかったという。また、大坂にいた幽斎も家康のもとを訪れ弁明したが、赦免は得られなかったという。

疑われた忠義

もはやこの問題を解決できるのは康之しかいなかった。ところが肝心の康之は、この時、幽斎・忠興の勘気を蒙り、伏見屋敷に蟄居させられていた。康之が細川父子からこのような扱いを受けたのは、後にも先にもこれ一度きりである。いったい何があったのか。

『松井家先祖由来附』（一巻）は、これを石田三成の謀略によるものだと記す。忠興と対立していた三成は、康之を忠興から引き離すことで、忠興に痛手を負わせようと、次のような噂を流したという。

康之は秀吉に気に入られ、知行や屋敷を与えられるなど、大名並の待遇を受けた。また、家康からも懇意にされているし、歴々の衆、皆々と入魂にしている。その心中は図り難い。大名取り立ての話を断ったのも、石見半国ぐらいでは物足らないと思ったからだろう。

この噂が細川父子の耳に入り、康之は蟄居させられたというのである。『松井家先祖由来附』は江戸時代に編纂されたものであり、三成の讒言（ざんげん）については作為の可能性が考えられる。ただし、康之が秀吉・家康と懇意にしていたのは事実であり、そのことが細川父子の不信感を招いたのは確かだろう。

政権の権力者と交流のある家臣が主君の不興を買うのは、よくある話である。たとえば、島津家重臣の伊集院幸侃（いじゅういんこうかん）は、石田三成と親密な関係を築くことで島津領国の改革を進めていったが、秀吉から大名並の扱いを受けたことで島津義久（よしひさ）（島津家当主）とその家臣たちの不興を買い、ついには島津忠恒（ただつね）（義久の弟義弘（よしひろ）の息子、次期島津家当主）によって殺害されてしまう（山本博文『島津義弘の賭け』）。

このように、大名にとって、自分の家臣が中央政権から厚遇を受けることは、名誉である反面、面白くない側面もあった。細川父子が康之を遠ざけたのも、このような感情があったからだろう。

ところで、蟄居を命じられたということは、康之の細川父子に対する忠義が疑われたことを意味する。康之が細川父子に別心を抱いていなかったとすれば、細川父子の態度は、不当なものと感じられたに違いない。しかし、このような扱いを受けても、康之が細川父子を見限ることはなかった。

忠興に謀叛の嫌疑がかけられたとの知らせは、蟄居中の康之のもとにも届けられた。知らせてきたのは、金森長近と有馬則頼である。もともと二人は秀吉に仕えていたが、秀吉没後は家康に重用され、豊臣大名と家康を仲介する役割を果たした。

家康との和睦交渉

家康から細川氏との交渉を命じられた長近と則頼は、家康重臣の榊原康政（さかきばらやすまさ）と相談のうえ、次のような書状を康之に送っている。

①金森長近書状（慶長四年〈一五九九〉十月十七日付〈松井十―一八四九〉）

先月七日に家康様は大坂に御下りになられ、秀頼様の御ために置目法度（おきめはっと）を仰せ付けられました。いずれの諸侯も上洛しているので、あなたも上洛するべきだと思います。それについて、近頃、忠興殿とあなたが不仲だと聞き及びました。このようなときなので、忠興殿の御ために馳走（ちそう）すべきです。早々に上洛してください。幽斎（藤孝）へは私から理（ことわり）を申したところ、合点されました。忠興殿へはこちらで陰の御奉公をするべきです。

②有馬則頼書状（慶長四年）十月十八日付（松井十―一八五一）

幽斎とあなたが不仲だと最近聞きました。金森長近と申し談じ気遣っていたところ、幽斎の許しが出たということなので、この書状が届きしだい夜船で大坂まで下ってください。忠興の身上についてあなたと相談したいと榊原康政が言っています。もし病気だとしても、大坂に来てから養生してください。待っています。
追伸。大坂に来るのを待っています。あなたが来なければ済まないことです。幽斎も内々そのように思われています。油断してはなりません。

康之が大坂に赴き家康と交渉しなければ、忠興は助からないというのが長近と則頼の考えであった。このため彼らは、康之への勘気を解くよう幽斎を説得するとともに、康之に書状を送り上坂を強く求めたのである。

この書状を受け取った康之は、即座に伏見を出立。十月二十日に大坂に到着すると、その日のうちに登城した。

登城した康之に対し家康は、「小牧合戦であなたの手並は見ているので、丹後を攻めるときは危険をおかさず、一里の間を置き堀をほらせ、鉄砲をならべ、遠くから攻めるので、そのように覚悟せよ」と述べるなど、強硬な態度を示した。しかし、康之が蟄居中の身で何も知らなかったことを聞くと、機嫌を直し、幽斎・興元・康之の連判で起請文（きしょうもん）を提出するよう命じたという。

家康が要求した起請文の内容は次のようなものだった。

一、置目・法度を守ること。

一、表裏別心（ひょうりべっしん）なく家康の命令に従うこと。

一、忠興が家康に対し、万一、不義をはたらいたとしても、一切同心しないこと。

幽斎・興元・康之が家康に恭順の誓いを立てることが、赦免の条件であり、赦免されるのであれば、一、二もなく応じるべきものであった。ただ、この起請文には一つ問題があった。三条目の文言である。これは、忠興への忠義よりも家康への忠義を優先させることを意味しており、このような起請文に署名してしまえば、忠興から裏切り行為とみなされかねない。忠興の承諾を得てから署名するという選択肢もあったが、大坂と丹後の往復に時間をとられ、提出が遅くなってしまう。そうなれば家康は不信に思い、康之との交渉をやめてしまうかもしれない。あれこれ思案した末、康之は署名を決意。十月二十四日、忠興の承諾を得ぬまま、起請文（十月二十四日付、松井十一―一八五九）を提出した。

忠興は、金森長近・有馬則頼からの書状（十月二十一日付、松井十一―一八五五）でこのことを知る。その書状には、忠興を救うため、返事を待たず起請文を提出する旨が記されていた（「御ために候あいだ、彼返事に構わず、誓紙請け乞い候てさせ申すべく候あいだ、御心得として、かくのごとく候」）。事情を理解した忠興は、起請文の提出を追認。翌月、自らも大坂に登城し、家康に恭順を誓うとともに、その証として三男忠利（ただとし）を人質に差し出したのである。

かくして、忠興は赦免された。この赦免には人質の提出という代償が伴うもので、家中には、そこまでして家康にへりくだる必要があるのかという異見もあったはずである。しかし、丹後討伐を回避するには、家康の要求に応じるしかないというのが、康之の判断であった。ゆえに康之は、忠興の不興を買うことを覚悟で、起請文を提出したのである。そして、のちに会津討伐が発動されたことを考えるならば、康之の判断は正しかったといえよう。

発動された会津討伐

忠興と同じように家康から謀叛の嫌疑をかけられ、実際に討伐軍を送られた大名がいた。上杉景勝である。景勝は会津百二十万石の大名で、五大老の一人であった。

事件が起こったのは、慶長五年（一六〇〇）二月のこと。景勝に謀叛の動きありとの報告が家康のもとに届いたのである。知らせてきたのは、越後国主堀秀治の重臣堀直政で、景勝が領国で武器・兵粮を集めたり、道路をつくったりしている、つまり戦争の準備をしているというのである。報告を受けた家康は、西笑承兌（相国寺九十二世）を介して、起請文の提出と上洛を上杉氏に求めた。家康は忠興のときと同じような方法で、景勝を服従させようとしたのである。

これに対し、景勝の執政直江兼続は、密告の真偽を確かめようとしない家康を痛烈に批判し、上洛を拒否する内容の書状を西笑承兌に送った。この書状が家康を激怒させ、会津討伐にふみきらせたといわれている。この書状は「直江状」と呼ばれ、原本が確認されず写本のみが複数伝来していること、過激な内容を含んでいることから、これまで偽書として扱われることが多かった。しかし、近年では、内容が当時の景勝が置かれていた状況に合致していること、直江の書状に激怒した家康を増田長盛らがなだめる内容の書状が残されていることから、一部改ざんや誤写はあるとしても、単なる創作ではなく、これに近い内容の書状が送られた可能性が高いことが指摘されるようになっている（米沢上杉文化振興財団編『図説　直江兼続』）。

ともかくも、兼続が家康を激怒させる何らかの書状を送り、上洛を拒否する態度をとったのは確かだろう。そして、上杉側が家康の要求に応じなかったため、会津討伐は発動されることになったのである。

六月十六日、家康は自ら軍勢を率いて東上を開始。家康に従った軍勢は、五万八千人あまりだったという。この大軍が会津に攻め入っていれば、上杉家は滅亡していた可能性が高い。しかし、家康の留守を狙って石田三成が挙兵したため、会津討伐はいったん中止されることになる。下野小山（栃木県小山市）で三成挙兵の報に接した家康は、軍議を開き、軍勢を上方に反転させることを決断。これにより、会津討伐軍は三成討伐軍に転じ、九月十五日の関ヶ原合戦を戦うことになる。

ところで、会津討伐が発動されたことは、丹後討伐が単なる脅しではなかったことを示唆する。つまり、細川家が家康の要求を拒絶していれば、丹後討伐が発動された可能性が高いということである。そして、丹後討伐が実行されていれば、細川家は滅亡していたことだろう。家康の要求を全面的に受け入れるという康之の判断は、細川家を存続させるという意味において、正しかったのである。

一方で、家康の要求を拒絶した直江兼続の判断は、景勝と家康の敵対関係を決定的なものとした。会津討伐の中止により、上杉家の滅亡は回避されたものの、戦後景勝は会津百二十万石から米沢三十万石に減封されてしまう。結果論かもしれないが、家康を敵にまわすという兼続の判断は、上杉家の領国を大きく減じさせることになったのである。

このように、外交における家老の判断は、ときとして、大名家の存亡を左右するほどの影響力をもった。

会津従軍を許された忠興

ところで、会津討伐が発動されると忠興は、細川軍の主力約五千人を率いて従軍している。忠興は六月二十七日に丹後宮津を出発。近江、美濃、信濃を経て、七月二十日下野宇都宮に着陣した。そして、七月二十五日の小山評定で会津討伐の中止と軍勢の反転が決定されると、三成討伐軍の一員として東海道を西上し、九月十五日の関ヶ原合戦を戦った。つまり忠興は、会津討伐の延長線上で関ヶ原合戦を戦ったわけであるが、ここで看過してならないのは、家康の信頼を獲得できていなければ、会津討伐への従軍は叶わず、家康方として関ヶ原合戦を戦うことはなかっただろうということである。

会津討伐は、現にそうであったように、天下争乱の事態を引き起こす可能性を含むものであった。かかる危険な軍事行動に、信頼のおけない大名を家康が従軍させるはずもなく、現に熊本城主の加藤清正（かとうきよまさ）は会津討伐への従軍を望んだものの、許されず領国に留まっている。

忠興が従軍を許されたのは、謀叛の嫌疑をかけられた折、家康に恭順の証を立てたからである。そして、それを実現させたのは他ならぬ康之であった。この点に着目するならば、康之の行った家康との和睦交渉は、丹後討伐を回避しただけでなく、忠興が家康方として関ヶ原合戦を戦う道筋をつくったと評価できよう。

天下争乱に際しての行動

木付残留の決断

忠興が関ヶ原合戦を戦っているとき、康之は豊後木付城（大分県杵築市）を守っていた。天下争乱に際し、康之が関ヶ原や領国の丹後ではなく、木付で戦うことになったのは、次のような事情からである。

慶長五年（一六〇〇）二月、忠興は家康から加増地として豊後速見郡・由布院（大分県杵築市・日出町・別府市・由布市）六万石を与えられた。これはもともと三成派の大名福原長堯の所領であったが、家康は五大老の権限でこれを没収し、忠興に与えたのである。その前年、忠興は恭順の証として起請文と人質を家康に提出しており、この加増地給付は、その見返りであったと考えられる。

さて、九州に飛び地を与えられた忠興は、松井康之・有吉立行・魚住市正を豊後木付に派遣し、新領受け取りの任にあたらせた。康之は、二月二十一日に松井家臣二十一騎と雑兵二百人あまりを引き連れ、丹後久美浜を出発。播磨室津（兵庫県たつの市）で乗船して瀬戸内海を通り、三月二日木付城下の下庄に到着。翌三日、速見郡支配の拠点である木付城に入った。この木付滞在中に三成が家康討伐の兵を挙げたため、康之は木付で天下争乱の事態に対処することになったわけである。

ところで、三成が挙兵すると忠興は、康之に次のような書状（七月二十一日付、松井三—四三二）を送り、丹後帰国を命じている。

> 石田三成と毛利輝元が申し合わせて挙兵したとの知らせが届いた。このようなことになるだろうと予想していた。家康は早々に上洛するだろう。この書状が届きしだい、康之と市正は番子まで召し連れ丹後に帰国しなさい。状況によっては、松倉城（久美浜城）を捨て、女子を連れて宮津に移りなさい。有吉立行らその他の者どもは、その国（豊後）の様子を見合わせて、できる限り木付に留まり、そのうえで黒田如水の居城（豊前中津城）に移りなさい。このことは如水と打ち合わせ済みである。

当時忠興は会津討伐に従軍中で、下野宇都宮にいた。ここで三成挙兵の報に接した忠興は、書状をしたため康之に帰国を命じたのである。

忠興が康之に帰国を命じたのは、三成による丹後攻撃を危惧したからである。自身が出陣していることで丹後の守りは手薄である。その隙を三成が狙ってくるのは必至であり、それを防ぐには康之の力が必要であった。帰国して三成の攻撃から丹後を守ること、それが、天下争乱に際し、忠興が康之に求めたことであった。

しかし、この書状が届いたときにはすでに、畿内・西国は西軍の勢力下にあり、帰国は困難な状況にあった。康之は日本海経由で帰国すべく、船と水夫の手配に奔走するが、西軍の攻撃を恐れる水夫たちは応じようとしなかった。そうこうしているうちに、丹後はすでに西軍の攻撃を受け、久美浜城を含む諸城は引き払われ、幽斎（ゆうさい）の居城田辺城（京都府舞鶴市）だけで防戦しているとの情報がもたらされる。

こうした状況を考慮し、康之は木付に留まるという決断を下す。田辺一城になったうえは、帰国は無益であり、木付城を守り通すことの方が忠興の利になるというのが康之の考えであった。

守れなかった丹後

忠興の懸念した通り、丹後は西軍の攻撃を受ける。七月十七日に挙兵を宣言した三成は、即日、丹後攻めを発動。丹波・但馬の諸大名に命じて丹後を攻めさせた。

丹後を守っていたのは忠興の父幽斎である。細川軍の主力は忠興に率いられ会津討伐に出軍しており、丹後には数百の手勢しか残されていなかった。また、頼みの綱である康之も遠く豊後の地にあった。苦境に立たされた幽斎は、自らの居城田辺城に将兵と兵粮を集め籠城する作戦をとる。

丹後攻めが開始されたのは七月十九日のこと。およそ一万五千の軍勢が田辺城下に攻め寄せ、城を取り巻いた。田辺城の細川軍は、ときおり撃ち込まれる三百目玉の大砲と、飢えに苦しめられながらも、およそ二ヵ月ものあいだ耐え忍んだ。しかし、ついに力尽き、九月十三日開城する。

この開城は、後陽成(ごようぜい)天皇が仲介に入ったため、美談として語られることが多い。古今伝授(こきんでんじゅ)の継承者であった幽斎は、後陽成天皇の弟智仁(としひと)親王にこれを授けていた。このため後陽成天皇は幽斎の命を救おうと、和睦の勅命(ちょくめい)を出したのである。勅命に従うというかたちでの開城であったため、幽斎の名誉は守られた。しかし、丹後が敵の手に渡ったのは現然たる事実であり、細川家は領国を失うという最大の危機に陥ったのである。

さらに悪いことに、康之の居城久美浜は味方の裏切りにより、田辺城よりも早く敵の手に渡っていた。久美浜城の留守を預かっていたのは康之の姉婿細川宗賢であるが、丹後攻めが開始されると宗賢は、細川本領を与えるという西軍の勧誘に応じ、城を明け渡してしまったのである。

このように、丹後は西軍の手に落ちた。康之が帰国していたとしても丹後が守られたとは限らないが、康之をもって丹後を守るという忠興の作戦が実行されぬまま、敵の手に落ちたのは事実である。このうえ、木付城まで奪われる事態となったら、康之の面目は潰れてしまう。何としても木付を守らなければならない、それが康之の置かれた状況だった。

忠興を敵視する三成

ところで、なぜ三成はかくも執拗（しつよう）に丹後を攻めたのだろうか。敵方の所領とはいえ、西上してくる家康軍を迎撃するうえで、丹後攻めが戦略上意味をもったとは思えない。むしろ、丹後攻めに費やした一万五千の軍勢を関ヶ原合戦に投じた方が有益だったのではないか。

三成が丹後攻めに執着したのは、忠興をことのほか敵視していたからだと考えられる。挙兵に際し三成ら西軍首脳部は、家康の非違（ひい）十三ヵ条を挙示した「内府（ないふ）ちがいの条々」を全国諸大名に発しているが、その条文のなかで忠興が家康から加増を受けたことを非難しており、挙兵当初から忠興のことを敵として強く意識していたことがわかる。

さらに三成は、真田昌幸（さなだまさゆき）に送った七月晦日付書状（真田宝物館所蔵「真田家文書」、東京都江戸東京博物館ほか編『大関ヶ原展』№59）の中で、丹後攻めの理由について次のように述べる。

細川忠興は彼仁（かのひと）（徳川家康）を徒党（ととう）の大将とし、国乱を引き起こした本人であるので、丹後国へ軍勢を派遣し、忠興の居城である宮津城を乗っ取り、幽斎の立て籠もる田辺城へ押し寄せた。二の丸まで討ち破ったところ、禁中へ詫言（わびごと）を申してきたので、一命は許すつもりだ。

三成は忠興を国乱の張本人とまで言い放ち、それをもって丹後攻めの理由としている。三成は忠興を家康派大名の中心人物に位置づけていたのであり、ゆえに丹後に攻め入ったのである。

攻撃の対象となった木付城

忠興を敵視する三成の矛先は、豊後木付にも向けられた。八月中旬、三成は、豊後臼杵（うすき）城を守る太田一成（かずなり）（太田一吉の子）を介して、勧誘の使者を木付に派遣している。使者をつとめたのは小倉長斎という人物で、三成ら豊臣奉行衆の書状（八月四日付、康之宛、松井三―四四三）を携え康之のもとを訪れた。その文面は次の通りである。

細川忠興とその兄弟は、秀頼様への御見廻（みまい）もせず、ことごとく関東に罷（まか）り立ち、そのうえ何の忠節もないのに家康から新たに領地を与えられた。不届きなので、丹後の城をことごとく受け取った。残る田辺城は、城下を焼き払い、攻め寄せているので、まもなく落城するだろう。あなたは、太閤様（秀吉）から特別に目をかけられ、領地までもらったのだから、秀頼様に忠節を尽くすべきである。太田一成に申し付け使者を派遣するので、すみやかに速見郡を明け渡しなさい。従わないのはよくない。

田辺城が苛烈な攻撃を受けていることを伝えたうえで、速見郡の明け渡しを要求しており、これは明らかな脅しである。つまり三成ら豊臣奉行衆は、速見郡を明け渡さなければ、木付城を攻撃すると警告したのである。

しかし、康之が脅しに屈することはなかった。書状に目を通した康之は、その写しを作成したうえで書状を長斎に投げ返し、「再び使者を遣わすならば討ち捨てる」と言い放ったという。康之は木付城が攻撃されることを承知で、速見郡の明け渡しを拒否したのである。

木付城にはわずか二百人あまりの城兵しかおらず、豊後の諸大名がそろって攻め寄せてくるならば、全滅の可能性もあった。康之は決死の覚悟で三成の要求を拒否したものと思われる。とはいえ、何の勝算もなく三成の要求をつっぱねたわけではない。

争乱勃発当初から康之は、豊前中津の黒田如水と肥後熊本の加藤清正（かとうきよまさ）と連絡をとりあい、支援の約束をとりつけていた。如水と清正は、ともに九州にあって、家康味方の立場をとる大名であった。彼らは木付に兵粮、武器・弾薬を援助するとともに、木付が攻撃を受けた際の援軍を約束していた。清正が康之に送った八月二十九日付書状（東大松井一〇四九）には、「もし豊後で西軍が兵を挙げたならば、熊本を捨てても援軍にかけつける」と記されており、確固たる援軍の約束がなされていたことがわかる。

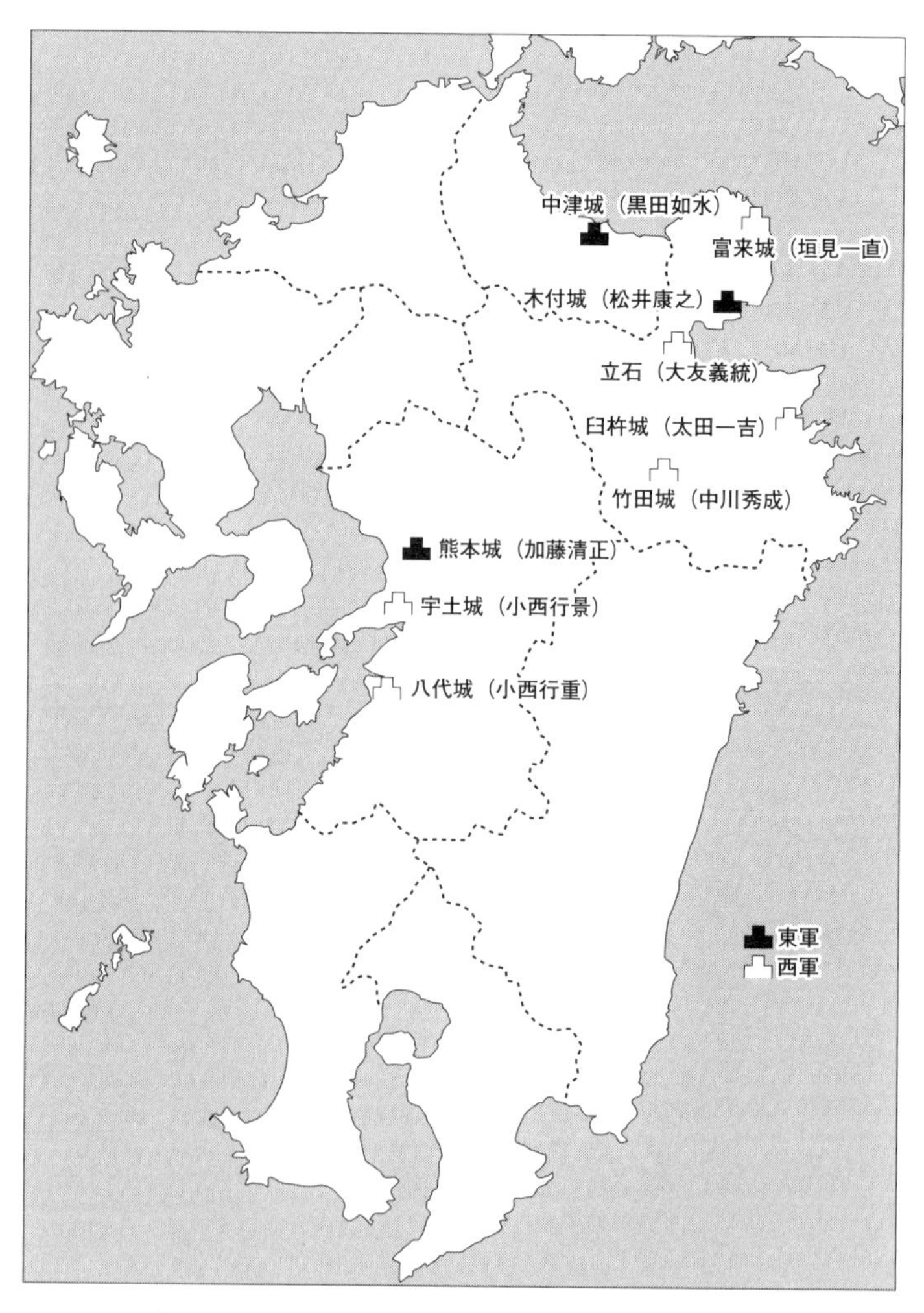

図13　慶長５年の戦役における関係武将配置図

木付城を守り抜く

康之が速見郡の明け渡しを拒否すると、西軍首脳部は大友義統に命じて速見郡を攻めさせた。義統はもともと豊後一国を治める大名であったが、朝鮮出兵の失態により領地を没収され、安芸の毛利氏のもとに蟄居していた。この義統に対し西軍首脳部は、速見郡の進呈を約束し、速見郡を攻めさせたのである。

安芸を立った義統は、九月九日、速見郡立石（大分県別府市）に着陣。義統のもとには旧大友家臣など約九百人の軍勢が集まったという。九月十日、大友家臣吉弘加兵衛の率いる約百人の軍勢が木付に夜襲をかける。大友軍は城下を焼き払い、城近く攻め寄せたが、康之は城外へ人数を出さず防戦に徹した。康之は、黒田・加藤の援軍に木付の命運を託したのである。

このとき如水は、豊後国東郡に軍勢を進め、垣見一直の居城富来城（大分県国東市）を攻めている際中であった。国東郡に攻め入った如水の目的は、領地拡大にあった。つまり、国東郡を自己の版図に加えるため富来城を攻めていたわけであるが、康之からの援軍要請が届くと、あらかじめ待機させていた二千人あまりを先鋒として木付に派遣。自らも富来城攻めを中止し、木付へ向かった。

熊本の清正も、肥後小西領への出軍準備にとりかかっていたが、木付からの援軍要請が届くと、小西領への出軍を後回しにし、自ら軍勢を率いて木付に向かった。豊後玖珠郡引治村（大分県玖珠郡九重町）に至ったところで、大友軍撃退の知らせが届いたため、そのまま熊本に引き返したが、「熊本を捨ててでも、援軍にかけつける」という清正の言葉に偽りはなかったのである。

さて、黒田の援軍が木付に到着すると、康之は攻勢に出る。康之は黒田二千の軍勢とともに、大友軍が本陣を構える立石に向け出軍。そして、九月十三日、立石近郊の石垣原で合戦に及び、大友軍を撃退した。

この石垣原合戦に出陣した細川軍の人数はおよそ二百。対する大友軍はおよそ九百であった。黒田の援軍がなければ、大友軍を撃退することはできなかったであろう。木付城は、黒田の援軍によって守られたのである。

勝因は如水・清正との信頼関係

ところで、如水と清正は、自分の戦いを後回しにして、援軍にかけつけた。同じ東軍大名とはいえ、信頼関係がなければ、これほどの支援はなされなかったであろう。

先に述べたように、康之は争乱勃発当初から如水・清正と連絡をとりあっていた。七月末から九月末にかけて、康之が如水・清正と交わした書状は十八通を数える。如水・清正は、上方や九州の戦況を伝える書状を康之に送ったが、それを受け取った康之は、すぐに返事を書き、礼を述べるとともに、自らが入手した上方や豊後の情報を伝えた。このようなやり取りを繰り返したのである。また、速見郡の引き渡しを要求する豊臣奉行衆の書状が届くと、写しを副えてそれを報告し、自分が決して西軍に寝返らないことをアピールした。

このように連絡を密にして情報を共有することは、信頼関係をつくるうえで重要である。康之はそれを行うことで、如水・清正との信頼関係を築いたのである。

そもそも九州大名の立場は流動的で、東軍と西軍に明確に分かれていたわけではない。むしろ、近隣大名どうしの関係性によって敵・味方の関係は変化した。たとえば、豊後竹田城主の中川氏は、当初、西軍に与する動きをとったものの、石垣原合戦後は、清正と味方の関係を結び、最後は東軍方として臼杵城を攻めている。このような九州の状況を考えるならば、敵・味方の関係は、領国を守る武将どうしの交渉によってつくりだされるべきものだったと言えよう。つまり、康之の築いた信頼関係が味方の軍勢をつくりだし、木付城を守ったのである。

戦後の領地配分

このようにして康之は、木付城を守り抜いたわけであるが、その行動は、戦後の領地配分で報われることになる。

関ヶ原合戦に勝利した家康は、ほどなく諸大名の知行割に着手する。これにより、六百三十二万石に及ぶ西軍大名領国が没収され、その過半は家康に味方した豊臣系大名に再分配されることになった。

細川忠興の領地配分が決定したのは、慶長五年（一六〇〇）十月末から十一月初旬にかけてのことである。その内容は、忠興の取り分を三十万石相当とし、豊前一国で不足する分を豊後国東郡一円と速見郡の一部で補塡するというものであった。つまり忠興は、豊前一国と豊後国東郡ならびに速見郡の一部を与えられたわけであるが、この時点では、速見郡における忠興の取り分は確定していなかった。

これを受け忠興は、康之が木付城を死守したことを理由に、その城域の拝領を要求。家康がこれを聞き入れたので、木付城を中心とする国東半島南東部二万五千石あまりが康之に与えられることになった。その知行高は、忠興の弟興元（おきもと）・孝之（たかゆき）に並ぶもので、家臣中最高の石高を誇った。もともと康之は飛び地受け取りのため一時的に木付城に入ったにすぎなかったのだが、戦争の結果、期せずして木付城の城主に抜擢されたのである。

ところで、この領地配分の結果、細川家は本拠地を丹後から豊前へ移すことになった。戦前忠興は、家康から丹後・但馬の領有を約束されており、九州への国替を伴う領地配分は、必ずしも忠興の意に沿うものではなかったと考えられる。とはいえ、十二万石を加増されたことを考えるならば、家康方として働いた忠興の功績はそれなりに認められたというべきだろう。

戦前の約束が反故(ほご)にされたのは、但馬には家康に恭順する西軍大名がいて、すべての領国を没収することができなかったからだと考えられる。つまり、忠興の働きに見合う再分配可能な没収地を但馬に創出しえなかったため、加増可能な九州の地に移されたということである。

ともかくも忠興は、関ヶ原合戦で家康方として戦ったため、豊前三十万石の大名になった。そして、先に述べたように、忠興が家康方として戦うことができたのは、康之が家康との仲を取り持ったからである。康之の対家康外交は、細川家が九州の国持ち大名として存立する道筋をつくったのである。

御家第一主義の継承

康之の遺言

これまで見てきたように、どのような状況にあっても細川家を離反せず、自分の能力を細川家の利益のために使うというのが康之(やすゆき)の生き方であった。まさに忠義の家老であり、その生き方に共感する現代人も多いだろう。ただし、康之の生き方は、戦国時代にあっては、誰もが肯定するものではなく、むしろ異端ともいうべき生き方であった。

加藤家の御家騒動

無論、主君に忠義を尽くす武士は、戦国時代にも大勢いた。しかし、主君に尽くすのは、あくまで自分の出世のためであり、自己実現のためであった。信長の死後、秀吉が豊臣政権を打ち立てたように、主家の利益と自分の利益が相反するときは、自分の利益を優先させるというのが、戦国期の一般的な考え方であったといえよう。

そして、こうした価値観は、天下泰平の世がおとずれたからといって、簡単に払拭されるものではなかった。関ヶ原合戦後、大名家では御家騒動が相次いだが、これらの多くは一門・家老が主家の利益よりも自分の利益を優先させた結果、起こったものだった。

その一例として、肥後加藤家で起こった御家騒動を紹介しよう。この騒動は家老加藤美作正次一派と家老加藤右馬允正方一派の対立によるもので、美作一派を牛方と呼んだのに対し、右馬允一派を馬方と呼んだので、牛方馬方騒動と呼ばれている。

騒動は加藤清正から忠広への代替わりを機に起こった。清正は関ヶ原合戦の折、家康方として行動し、肥後一国大名の地位を手に入れたが、それから十一年後の慶長十六年（一六一一）六月、五十歳で病死してしまう。清正には息子忠広がいたが、まだ十一歳の少年であった。

清正の死を知った幕府は、家老たちが幼君忠広を守り立てることを条件に加藤家の存続を認めた。当時加藤家には、加藤正次・加藤正方・加藤重次・下川元宣・並河金右衛門の五人の家老がいた。忠広の襲封を認めるに際し幕府は、この五人の家老に次のような起請文（慶長十六年八月十四日付、新熊本市史編纂委員会編『新熊本市史　史料編　第三巻　近世Ⅰ』一一一号）を提出させている。

一、幼少の忠広に肥後一国を相違なく仰せ付けられた家康・秀忠様の厚恩を忘れない。

一、家康・秀忠様に対し表裏別心を抱かない。
一、忠広のわがままを許さず、忠広のためになるならば、各々相談して異見する。
一、どのような知り合い、親子兄弟・親類であっても、贔屓偏頗しない。
一、各々の分別が滞り、忠広のためにならないときは、幕府の奉行衆に報告する。

この起請文からは、家老たちが私利私欲に走ることを抑止しようとする幕府の意図がみてとれる。幼君をいただいた大名家では、一門・家老による専横が生じやすい。それを危惧するがゆえに幕府は、忠広の利益を第一に考えて行動するよう家老たちに命じたのである。

しかし、幕府の意に反して、家老たちは権力闘争を繰り広げた。その中心となったのが、加藤正次と加藤正方である。正次は清正のいとこ婿で、清正存命中は執政の中心にあった人物である。また、豊臣家臣に知己を多くもつ豊臣派でもあった。いっぽう正方は、土井利勝、酒井忠勝など幕閣に知己をもつ徳川派の家老であった。

幕府は忠広の襲封に際し、正方を八代城主に任命し、城廻に領地を与えるよう指示している。八代城は肥後第二の城であり、その城主に任命されるということは、藩主に次ぐ権力を与えられたことを意味した。そのいっぽうで幕府は、正次の領地を従来の一万二千石あまりから三千石に減らすよう指示している。豊臣派の正次の権勢を抑え、徳川派の正方を執政の中心にすえるのが幕府の方針であったのだ。

しかし、正次はこれを受け入れず、権力を保持しようとした。正次は忠広の内妻の父（外舅）玉目丹波に過分の領地を与えることで味方に引き入れ、正方に対抗したのである。そして、大坂の陣が起こると、大船を秀頼に献上するなど、豊臣方を支援する行動をとった。豊臣方が勝利すれば、徳川派の正方を失脚させることができるという目算があったのだろう。

正次の謀叛を訴えた正方

これに対し正方は、正次の不正を訴えることで権力を確保しようとした。元和四年（一六一八）五月、正方は自分を支持する家老と相談のうえ、政治顧問の下津棒庵の名をもって幕府老中（酒井忠世・本多正純・安藤重信・土井利勝）に次のような訴状（「加藤家公事言上書・処分書」『新熊本市史　史料編　第三巻　近世Ⅰ』一一八号）を提出した。

一、加藤忠広の年寄六人のうち四人が賛成していることでも、正次親子はしたがわず、依怙（私利）ばかり通すので、家中は二分しています。肥後は方々に境目を抱える国なのに、家中がこのような状態であれば、上様の御用に立つことができません。御奉公がはかばかしくないならば、忠広のためになりません。

一、大坂の陣のとき、正次親子に気を遣い、忠広は思うように奉公できませんでした。

一、正次親子と玉目丹波の三人は、忠広のことを顧みず依怙（私利）ばかり通していま す。そんなことでは、忠広は上様に対し奉公の道を違えてしまうと思い、異見したところ、忠広から遠ざけられてしまいました。私は上様の厚恩をおろそかにできないので、忠広に暇(いとま)を乞い、訴えることにしました。

正次の私利私欲に根ざした行動が、忠広、ひいては将軍に害をなしているというのが、正方側の主張である。これは、正次と対立する側の主張であるので、少し差し引いて考える必要があるものの、権力に執着する正次の行動が家中に対立をもたらしたのは確かであろう。ただ、ここで看過してならないのは、正方もまた、忠広の利益よりも自分の利益を優先させたということである。

この訴状に対し正次側が反論すると、正方側はさらに十三ヵ条に及ぶ訴状（前掲「加藤家公事言上書・処分書」）を提出している。それには、正次の依怙のみならず、大坂の陣で正次が豊臣方に内通したことを告発する内容が含まれていた。

正次が豊臣家臣に多くの知己をもっていたことを考えるならば、正次の豊臣内通は事実であった可能性が高い。ただし、それを訴状に載せるということは、加藤家が謀叛人を出したことを認めるものであり、藩主忠広を危険にさらすものであった。正次の謀叛を知った幕府がその責を忠広に問う可能性があったからである。つまり正方は、忠広が処罰される危険を冒して正次を訴えたのであり、その行為は、忠広の利益よりも自己の利益を優先させたものとして捉えられるのである。

この御家騒動は、幕府が正方側の主張を認め、正次本人とその一派を処罰するという形で収束をみる。忠広は不問に付され、処罰されなかった。加藤家は改易を逃れたわけであるが、この騒動からは、御家の利益を顧みず私利を追求する家老たちの姿を見てとることができる。

細川興元の出奔

御家騒動は、細川家でも起こっている。豊前国替からほどない慶長六年（一六〇一）十二月、細川忠興の弟興元が忠興に反抗し突如出奔したのである。興元は丹後時代から康之とともに家老をつとめ、戦陣にあっては細川家の一備を指揮する家中きっての実力者であった。

細川家を支える重要な柱であったはずの興元が出奔したのはなぜか。『松井家先祖由来附』（三巻）によると、豊前における領地配分への不満が原因であったという。

慶長五年十二月に豊前に入国した忠興は、中津（大分県中津市）を居城とするとともに、領内各所の城を修築し、一門・重臣を配置した。表1は慶長六年時点における一門・重臣の居城と知行高を示したものである。興元は小倉城と二万五千石の知行地を与えられているが、興元の二人の弟（幸隆・孝之）も同じ知行高で城を与えられている。興元はこのこ

表1　慶長6年12月時点における一門・重臣の居城と知行高

名　　前	由緒・出自	居　城	知　行　高
細川興元	忠興弟	小倉城	25,000石
細川幸隆※	忠興弟	龍王城	25,000石
細川孝之	忠興弟	香春城	25,000石
松井康之	勝龍寺以来の家臣	木付城	25,000石
有吉立行	勝龍寺以来の家臣	高田城	15,000石
篠山忠直（長岡肥後）	勝龍寺以来の家臣	岩石城	6,000石
沼田延元	勝龍寺以来の家臣	門司城	5,000石
荒川勝兵衛	勝龍寺以来の家臣	一戸城	3,000石

・『綿考輯録』（巻17）ほかによる．
・※『綿考輯録』によると細川幸隆の龍王入城は慶長８年２月29日．

とに腹を立てたのである。興元は、何の武功もない弟孝之が自分や康之と同じ知行高を与えられたことに不満を抱き細川家を去ったという。

また、『松井家先祖由来附』（四巻）によると、興元は出奔するにあたり、康之とその嫡男興長（おきなが）を誘っている。この話が本当ならば、興元の出奔は、細川家中を二分する御家騒動へと発展する可能性を含んでいたことになる。興元と康之は、家臣中最高の知行高を有する城持ち領主であり、両者がそろって反旗を翻したならば、細川家は分裂の危機に陥ったはずである。康之父子が誘いに応じなかったため、事件は興元の出奔に留まったものの、興元の離反は細川家当主としての忠興の地位を揺るがしかねない企みを含んでいたのである。

ところで、康之父子から共闘を拒否された興元は、ある讒言（ざんげん）を行っている。関ヶ原合戦のとき興長が西軍に内通したというのである。内通の真偽は定かでないが、興元は忠興と康之の仲を裂くためにこのような讒言を行ったものと考えられる。

これに対し忠興は、康之父子の身上を保証することで、彼らの離反を防ごうとした。次に示すのは、忠興が自筆で作成し康之父子に提出した起請文（慶長七年〔一六〇二〕三月八日付、松井十一一八四六）である。

一、興長が赤坂で謀叛を働いたとの密告は信じない。

一、今後また同様の密告があった際は、あなた方に知らせる。

一、たとえ謀叛が本当だとしても、今回は許す。

謀叛の嫌疑を不問にすることを誓った本起請文は、讒言によって不利益を被るかもしれないという康之父子の不安を払拭するため発給されたものである。かつて忠興は、石田三成の讒言に惑わされ康之を遠ざけたことがあったが、今回はそれとは逆に康之を信頼することで、彼を手もとにつなぎとめようとしたのである。

かくして、忠興と康之の信頼関係は保持され、興元の企みは失敗に終わった。ただし、興元が家中を分裂させる行為に及んだことは、一門・家老が必ずしも御家の利益を第一に考え行動するわけではなかったことを如実に物語っているといえよう。

興元の出奔から四年後の慶長十年（一六〇五）、再び細川家で事件が起こる。今度は忠興の次男興秋が出奔したのである。

細川興秋の出奔

興秋が出奔した背景には、細川家の家督相続問題があった。忠興には、忠隆・興秋・忠利の三人の息子がいた。長男忠隆は忠興の後継者として成人したものの、関ヶ原合戦直後に廃嫡されてしまう。『綿考輯録』（巻十七）によると、忠隆は、妻との離縁を命じる忠興に反抗したため廃嫡されたという。

先に触れたように、忠隆の妻は前田利家の娘で、それが原因で忠興は家康から謀叛の嫌疑をかけられたことがあった。同じ轍を踏まないため忠興は、前田家との姻戚関係を解消しようとしたものと考えられる。しかし忠隆がこれに従わなかったため、廃嫡されることになったのである。

忠隆が廃嫡になったことで、興秋と忠利は後継候補となった。二人はともに正室玉（ガラシャ）の子どもで、豊前国替時の年齢は興秋が十八歳、忠利が十五歳。ともに家督相続者としての資格を備えていた。

ただし、忠利には有利な点が一つあった。徳川家康・秀忠父子から気に入られていたのである。慶長四年に起こった家康暗殺嫌疑の事後処理として、細川家は人質を徳川家に差し出しているが、その人質に選ばれたのが忠利であった。江戸に送られた忠利は、秀忠のそば近く仕え、徳川の覚えめでたい存在となったのである。

このような事情もあり、豊前入国直後から忠興は、忠利を後継に据えたいと考えていたようである。ただし、興秋とその家臣の手前、明言はさけた。ところが、慶長九年（一六〇四）に至り、忠興が病に臥せると、忠利擁立に向け事態は急転する。家康が忠利の家督を認める判物（慶長九年八月二十六日付、「細川家資料総目録」家康八）を発給したのである。この判物は忠利宛で「忠興の内存に任せ、細川家の家督を忠利に申し付ける」と記されていた。稲葉継陽氏によると、「家康は、忠興急死後の後継者をめぐる御家騒動を未然に防ぐ意図をもって、確認された忠興の意思を表に立て、この文書を発給した」のだという（稲葉継陽『細川忠利』）。

こうして、後継は忠利に定まり、忠利は江戸から豊前に返されることになった。いっぽう、後継から外された興秋は、忠利に代わって江戸に送られることになった。これは、家康の意思でもあり、細川家の行く末を考えるならば、興秋はこの決定を甘んじて受け入れるべきであった。しかし、興秋は抵抗した。興秋は、江戸に向かう途中の京都建仁寺の塔頭十如院で剃髪し、そのまま出奔してしまうのである（『綿考輯録』巻十八）。後継の座を弟に奪われたうえに、人質として江戸に送られることは、興秋のプライドを著しく傷つけるものであり、そのような命令に従うことはできないという思いだったのだろう。

興秋の出奔は、細川家中を震撼させる大事件であった。将軍家への人質を拒むということは、将軍の命令に逆らうことであり、反逆とみなされかねない行為だったからだ。細川家は興秋に代えて重臣の長岡重政(ながおかしげまさ)を江戸に送ることでこの難局をしのいだものの、興秋のとった行動は、細川家を存続の危機に陥れかねないものだったのだ。また、それを承知で出奔したところに、御家第一主義とはかけはなれた興秋の思想を窺うことができよう。

なお、京都で出奔した興秋は、豊臣方として大坂の陣を戦ったのち、山城国東林院(とうりんいん)で自刃した。興秋は最後まで細川家の利を顧みることなく、自分の意地を通したのである。

康之最後の仕事

このように、豊前国替後の細川家では騒動が相次いだ。その原因となったのは、自分の利益を追求する一門・家老の行動であった。御家騒動が大名家の改易に必ずしも直結するわけではなかったが、家中の不和は大名家を弱体化させ、領国支配を不安定なものにする。御家の永続性を担保するには、自分の利を追求する戦国時代の価値観を払拭し、御家の利益を第一とする価値観を創出する必要があったのだ。そして、それが康之最後の仕事となった。

豊前国替後、康之はたびたび体調を崩すようになる。労咳(ろうがい)を患っていたらしい。それでも隠居することなくつとめを果たし続けたが、慶長十六年（一六一一）になると病気が悪化し、回復が見込めない状態になる。死期が近いことを悟った康之は、松井家臣二百五十人あまりに対し、次のような起請文（慶長十六年十月付、松井三―四七一）を提出させている。

天罰霊社起請文前書之事

一、式部少輔（松井興長）殿に対し奉り、相替らず無二の覚悟をもって、御奉公申し上ぐべく候事、

一、御座あるまじき儀に御座候へども、御若輩の条、万一、殿様（細川忠興）へ御無沙汰の儀御座候はば、おのおの達て御異見申し上げ、その上にても御同心なく候はば、言上致し、御逆意の御一味仕らず、殿様御諚しだいに覚悟致すべき事、

一条目には、康之のときと変わりなく新当主たる興長に奉公すべきことが記されている。二条目には、興長が忠興をおろそかにするようなことがあれば、興長に異見し、それでも興長が改心しないならば、興長の逆意に加担せず、忠興にそのことを知らせ、忠興の命令に従うことが記されている。すなわち、新当主興長への忠義を誓いつつも、興長と忠興が対立した場合は、忠興に従うことを誓っているのである。

松井家臣が主従関係を結んでいるのは、松井家当主であって細川家当主ではない。細川家当主は主君の主君という存在であるものの、彼らが忠義を尽くすべき相手は、主従関係を取り結ぶ松井家当主であり、その命令は何よりも優先されるべきものであった。にもか

かわらず、康之は、細川家当主と松井家当主が対立した場合、細川家当主に味方せよと家臣に命じたのである。なぜ、康之は松井家臣の自立性を規制するような起請文を提出させたのか。

細川興元が出奔して以降、松井家臣団は、細川家中最大の軍団となった。つまり、細川家臣の中で最大の軍事力を有していたのが松井家当主であった。こうした家臣の軍事力は大名家を支える一方で、脅威ともなりうる存在であった。先に述べたように、明智光秀が織田信長を暗殺できたのは、それを実行しうる独自の家臣団を有していたからである。

ただし、もし明智家臣団が主君の主君たる信長への忠義を優先させていたならば、信長は暗殺されることはなかっただろう。つまり、松井家当主に対する忠義よりも細川家当主に対する忠義を優先させることを誓ったこの起請文は、細川家が松井家によって滅ぼされる事態を防ぐ意味があったのである。

このように康之は、細川家の存続をはかるために、松井家臣の忠義という、求めてしかるべき松井家当主の権限までをも制約してみせた。死の間際にあって康之は、細川家の利益を第一とする価値観を家臣に植え付けようとしたのである。

報われた忠義

この起請文が作成された三ヵ月後の慶長十七年（一六一二）正月二十三日、康之は小倉城下の自邸で息をひきとる。享年六十三歳であった。細川藤孝・忠興にひたすら忠義を尽くし続けた生涯であったが、果たしてその忠義は報われたのか。

康之が仕えた細川忠興という主君は、戦国一短気な男と称されるほど気性の激しい人物であった。細川家には「歌仙兼定」の異名をもつ刀が伝来している。忠興が意に沿わない家臣六人（あるいは三十六人）をこの刀で成敗したとの言い伝えから、六歌仙（三十六歌仙）にちなんでその名がつけられたという。おそらく作り話しであるが、そのような由来が伝わるほど忠興の気性は激しかったのである。

このような気性のせいで、忠興は家臣の反感を買うことが多かった。沢村大学は丹後時代から仕える忠興の側近であったが、忠興の仕打ちにたえかね、一時、細川家を離れている。大学の証言によると、領地を召し上げられたり、年老いた母親を人質にとられたり、横領の濡れ衣を着せられたりしたという。のちに大学は帰参を許されたが、終生忠興を許すことはなく、忠興への奉公を拒み続けた。

図14　細川忠興像（永青文庫蔵）

このように忠興は、誰からも慕われる良き主君とい

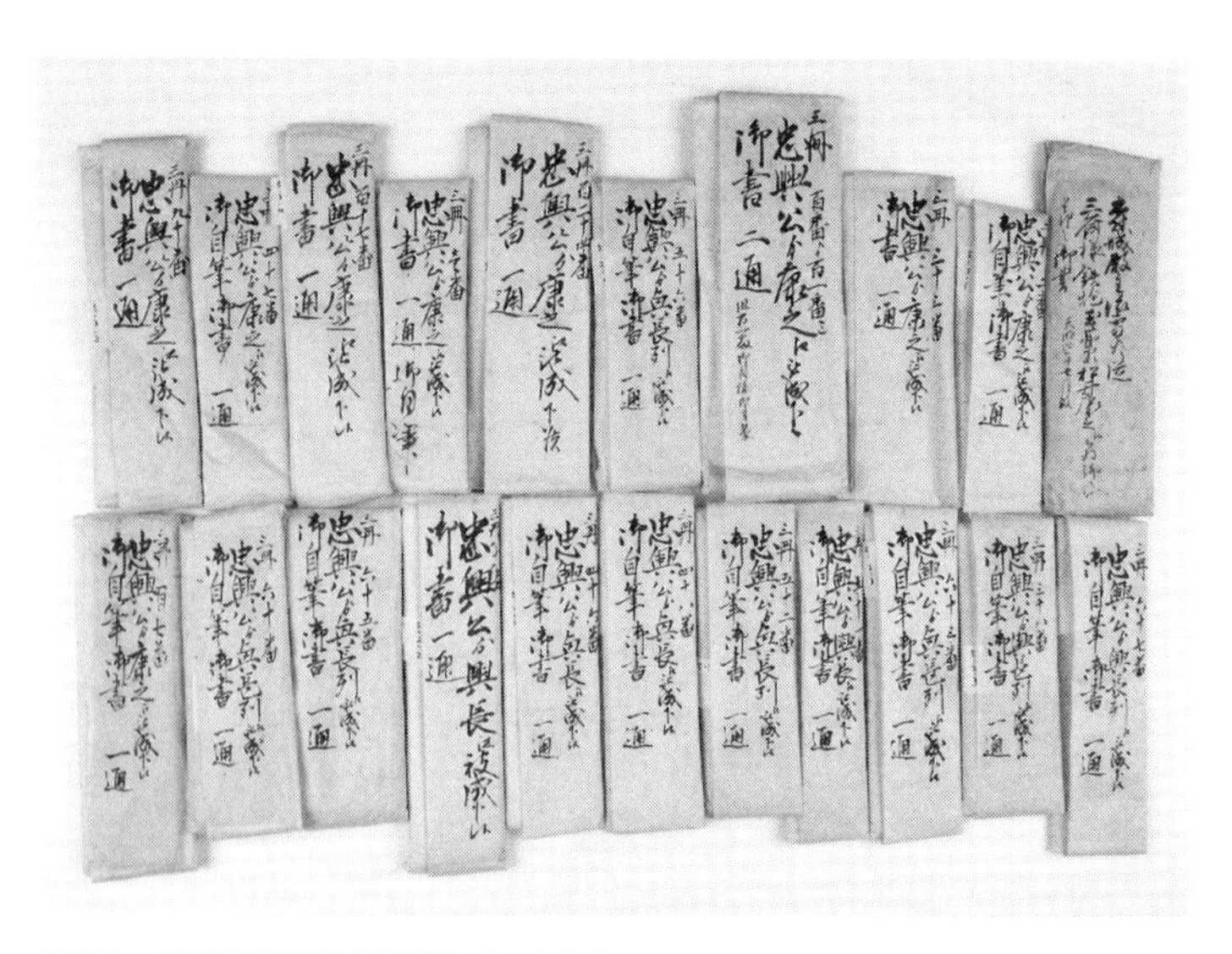

図15　細川忠興見舞状群（松井文庫蔵，八代市立博物館未来の森ミュージアム寄託）

うわけではなかった。しかし、康之は辛抱強く忠興に仕え、忠興もまた康之に対しては、厚情をもって接した。

図15の文書群は、忠興が病気の康之を見舞うために送った書状の数々である。慶長十三年（一六〇八）四月中旬から五月中旬にかけての約一ヵ月、康之は豊後木付（きつき）で病に臥している。その間忠興は毎日のように書状をしたため、病気の康之を見舞った。

見舞状には決まり文句を並べただけの、形式的なものが少なくないが、忠興が康之に送った見舞状は違う。薬の服用法など、康之を回復させる

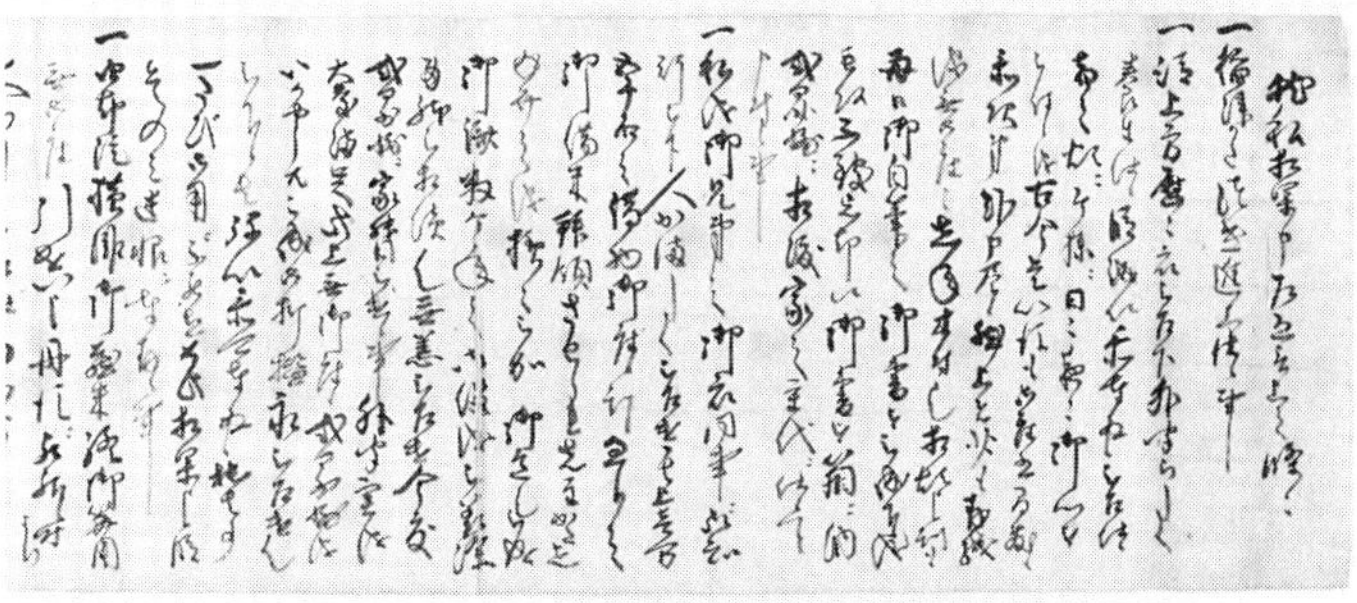

図16　松井康之遺書写（松井文庫蔵，八代市立博物館未来の森ミュージアム寄託）

ためのアドバイスが事細かに記されており、その文面からは、何としてでも康之を回復させようとする忠興の意気込みが伝わってくる。また、その多くは自筆で書かれたもので、文字数が一千字を超えるものも少なくない。忠興は康之のためならば労を惜しまなかったのである。

このような忠興の厚情は、康之にも伝わっていた。亡くなる約一ヵ月前、康之は忠興に提出するための遺書（慶長十六年十二月十五日付、松井三―四七二、図16）を作成しているが、それには忠興への感謝の気持ちが次のように記されていた。

上方から有名な医者を派遣していただき、誠にかたじけないです。召し使っている者のわずらいに、かように日々夜々、御心を付けられることは、これまでもこれからもないでしょう。かたじけなさは、申しつくすことができません。しかるうえは、少しも思い残すことはありません。先年木付でわずらったときも、毎日自筆の手紙を下されたことは決して忘れません。お手紙を箱に納め興長に渡し、子々孫々に伝えるよう申し付けました。

病中の康之に対し忠興は、医者を派遣したり、自筆の見舞状を送ったり、自ら足を運んで康之を見舞ったりと、できうる限りの心遣いをもって接した。康之自ら語るように、それは他の家臣ではありえない格別の待遇であった。「思い残すことはない」との言葉は、このような忠興の態度を受けて発せられたものである。本書からは、自分の忠義に忠興は十分に応えてくれた、という康之の満足感を読み取ることができよう。

なお、康之が子々孫々に伝えるよう興長に申し付けた忠興の手紙こそが、先に紹介した図15の文書群である。この忠興見舞状群は、江戸時代を通して大切に保管され、今日に伝来した。康之の遺言は守られたのだ。

細川忠利の仁政を支えた興長

康之の跡を引き継ぎ、家老として細川家を支えたのは息子興長である。

興長の家督相続

興長は、天正十年（一五八二）十一月、康之の次男として丹後久美浜に生まれた。彼には六つ年上の兄がいて、名を与八郎といった。康之の後継者として育てられたのは、この与八郎であったが、与八郎は文禄二年（一五九三）朝鮮出兵に従軍した際、深手を負い、その傷がもとで十八歳の若さで亡くなってしまう。このため興長が康之の後継者となった。

興長が家督を相続したのは、慶長十六年（一六一一）十二月のことである。康之は存命であったが、病い重く執務困難な状況にあったため、細川忠興が直々に相続を許したのだという。先に紹介した十二月十五日付康之遺書（松井三―四七二）には、「今度、式部少輔

図17　松井興長像（松井文庫蔵）

（興長）に家督遣わされ候事、外聞実儀大慶満足此上御座無く候」と記されており、康之の存命中に興長への相続が許されたことがわかる。

こうして興長は康之の家督を相続し細川家の家老になった。興長三十歳のときである。興長は亡くなる八十歳まで家老をつとめているので、五十年間家老をつとめたことになる。細川家の長い歴史の中でも、これだけ長期に家老をつとめたのは興長ただ一人である。

興長の考える家老の役割

康之が生きた戦国時代、家老に求められた最たる役割は、自身の家臣団を率いて戦場に赴き、主家を勝利に導くことであった。康之は数々の戦いでその役割を果たしたが、興長が家老をつとめたのは、徳川政権が成立し戦乱の世が終結した五十年間である。軍事指揮官としての地位は維持されたものの、実際にはその役割を果たす機会はほとんどなかった。

では、平和が日常化していく時代にあって、興長は家老の役割をどのように考えたのか。

次に紹介するのは、元和十年（一六二四）、興長が藩主細川忠利に提出した起請文（正月四日付、叢書近世一八〇号）である。この起請文には興長の役目に対する基本姿勢が示されている。

天罰起請前書事

一、忠利様に対し奉り、忠儀を存じ、別心表裏仕るまじく候、御座あるまじき事に候へども、もし大御所様に対し御無沙汰の儀候は、達て御異見申し上げ、其上にても御同心なく候はば、御逆意の御一味仕るまじき事、

一、忠利様の御意をそむく輩へは、縁者・親類たりといふとも、一切申し談ずべからず候、御隠密の儀、是又一切他言仕るまじく候事、

一、仰せ出され候御法度、堅く相守り申すべき事、

本起請文が提出される三年前の元和七年（一六二一）、細川家は忠興から忠利に代替わりしている。この起請文は、新藩主忠利に忠義を誓うことを目的に作成されたものであるが、その忠義のあり方は、忠利の言うことを何でも聞き入れるという類のものではなかった。

一条目で興長は、「忠利様に忠義を尽くし、別心表裏なく仕える」と述べたあと、「あってはならないことだが、もし忠利様が大御所様（徳川秀忠）に御無沙汰のことをするなら

ば、たって御異見（諫言）申し上げ、同心してもらえないならば忠利の逆意に加担しない」と続けている。

「御無沙汰」は、音信や訪問が絶えて疎遠になったときに用いられる表現であるが、この場合は、大御所秀忠の存在を軽んじるような行為全般を指しているものと考えられる。つまり興長は、忠利が秀忠を軽んじるようなことをすれば、それを正すべく諫言すると述べているのであり、それが忠利に奉公するうえでの興長の基本姿勢であった。

改易の脅威

興長が秀忠に対する「御無沙汰」を許容できない事項として挙げたのは、それが改易を招く危険な行為だったからだ。

この起請文が提出される五年前の元和五年（一六一九）六月、広島城主福島正則が改易されるという事件が起こっている。福島正則は関ヶ原合戦で家康に味方し、安芸・備後四十九万石を領する西日本屈指の大名となったが、秀忠政権によって領国のすべてを没収されている。

福島氏が改易されたのは、幕府に無断で広島城の修築を行い、それが元和元年に発せられた武家諸法度の第六条「諸国居城修補をなすといえども、必ず言上すべし、いわんや新儀の構営、堅く停止せしむる事（全国の大名が居城の補修をする際は、幕府に必ず届け出なければならない。新しく城を築くことは堅く禁止する）」に違反すると裁定されたためであるが、原因はそれだけではなかった。

福島氏の改易について検証を行った笠谷和比古氏によると、福島氏が無断で広島城の修築を行っていることを知った将軍秀忠は立腹し、即座に福島氏を改易に処しようとしたが、幕府執政の本多正純（ほんだまさずみ）が宥免（ゆうめん）を申し出たので、本丸を除く城郭の破却と人質の提出を条件にいったんは赦免した。ところが、福島氏が赦免の条件である二の丸以下の破却を実行しなかったため、幕府はその威信を堅持する上からも福島氏の改易に踏み切らざるをえなかったという（笠谷和比古『近世武家社会の政治構造』第十章）。つまり、改易を決定づけたのは、秀忠の命令を軽んじた福島氏の態度そのものであったというわけである。

また、城割の作法という観点から福島氏改易の理由を論じた福田千鶴氏によると、二の丸以下の破却を命じた徳川政権の意図は、城郭の非武装化にあったが、福島氏はその意図を理解できず、戦国期の降参の作法にのっとり、本丸石垣の「上石」ばかりを取り除くことで対処したため、改易に処せられたという（福田千鶴『城割の作法』第五章）。

このように福島氏は、秀忠ないし幕府の命令に的確に対応できなかったため改易に処せられたわけであるが、大身外様大名が無嗣断絶（むしだんぜつ）以外の理由で改易されることはそれまでほとんどなかったので、福島氏の改易は、全国の諸大名に衝撃をもって受け止められた。ことに細川家では、この改易が秀忠の確固たる意志によって断行されたとの認識があった。

福島氏改易から三年たった元和八年、細川忠利は父忠興に宛てた書状（十月二十一日付、細川九―一一五）の中で、福島氏改易の経緯について次のように述べている。

福島殿が御法度に背き城の普請をしたことが秀忠様の御耳に入った。秀忠様は不届きに思われ、福島殿の処罰を本多正純に命じられた。正純はいったんは承知したものの、四、五日後、福島を処罰すれば、（これを不服として）諸大名のうち十人ばかりは頭を剃り引き籠るかもしれないと言上した。このため処分は見送られ、広島城の破却が命じられることになった。しかるところ、城の破却が粗略であるとの報告がもたらされ、秀忠様が上洛し確認したところ、福島殿の破却の指示が不届きであることがわかった。秀忠様は、たとえ十人の大名が徒党して反抗するとしても処罰すると決意なされ、福島殿は改易になった。

この書状が示すように、忠利は、破却命令をないがしろにした福島氏の態度が秀忠を怒らせ、改易が断行されたことを知っていた。おそらくその情報は、興長ら家老・重臣にも共有されていたことであろう。

なお、この書状には、福島氏の改易のほか、本多正純の改易、松平忠直の不行状、改易になった最上家家老楯岡光直の処分についても触れられている。福島氏の改易を手始めに、元和五年から九年にかけて、大身大名の改易が相次いだ。出羽山形五十七万石の最上氏は、家老が秀忠の命令に従わなかったため元和八年に改易され（最上氏改易の経緯については後章で触れる）、同じ年には、福島氏改易に異を唱えた本多正純が秀忠に対する不届きの振る舞いを理由に改易されている。さらに元和九年（一六二三）には、越前福井六十七万石の松平忠直が不行状と秀忠への不服従で改易に処せられている。

このように、秀忠に対する藩主や家老の反抗的な態度により大名家が改易されるというのが当時の状況であった。元和十年に提出された興長の起請文は、このような状況を意識したものといえよう。興長が秀忠に対する藩主の「御無沙汰」を許容できない事項として掲げたのは、それが改易を招くものだったからであり、そのようなことにならないよう、自らに諫言の役目を課したのである。御家存続のため藩主に諫言すること、それが興長の考える家老の役目であった。

細川忠利という主君

さて、藩主忠利への諫言を誓った興長であるが、実際の忠利は、諫言の必要がないほどの明君であった。興長は、忠興、忠利、光尚（みつなお）、綱利（つなとし）と四人の藩主に仕えたが、興長がもっとも信頼し尊敬した藩主は忠利だったと思われる。

忠利は、天正十四年（一五八六）忠興の三男として生まれた。興長は天正十年生まれなので、興長より四歳年下ということになる。忠利には忠隆（ただたか）・興秋（おきあき）という二人の兄がいたが、

図18　細川忠利像（永青文庫蔵）

忠興が後継者として選んだのは三男忠利であった。忠利は慶長五年（一六〇〇）から人質として徳川家に遣わされており、家康のうけが良かった。そうした事情もあり忠利が家督相続者として選ばれたものと考えられる。

　元和六年（一六二〇）の年末、忠興は江戸で重病を煩う。投薬の甲斐あって病は本復したものの、忠興は隠居を決意。翌年、忠利が家督を相続し豊前小倉藩主となった。忠利、三十六歳のときである。

　忠利はどのような藩主だったのか。それをよく物語るエピソードがある。

　忠利が藩主になって五年が経過した寛永三年（一六二六）、細川藩領は深刻な旱魃被害に見舞われる。飢饉の発生を危惧した忠利は、手持ちの米を百姓救済に当てるなどして、百姓の生活を守ろうとした。しかし、手持ちの米だけでは百姓を救済するには足りない。そこで忠利は忠興から相続した茶入を出羽庄内藩主の酒井忠勝に黄金千六百枚で売却し、百姓の救済に当てた。この茶入は、「中山肩衝」と呼ばれる名物で、忠興が必至の思いで手に入れ大切にしていたものであるが、忠利は百姓を救うため、惜しげもなくこれを売り払ったのである。

このエピソードが物語るように、忠利は藩主個人の利益よりも、百姓の救済を優先させる藩主であった。ただ、ここで看過してならないのは、忠利が単に百姓への慈悲だけで、私財を投げ売ったわけではないということである。

元和十年（一六二四）忠利は、領内すべての百姓を対象とした五ヵ条の触書（郡奉行宛、正月十五日付、叢書近世三五号）を発しており、その五ヵ条目には次のように記されていた。

村が請け負った年貢は、たとえその村が潰れたとしても未納は許さない。旱魃・水害・台風の損害があった場合は、百姓の言い分を聞き、現状確認を行ったうえで、年貢を定める。

前半部の文言だけ読むと、苛政を敷いているようにもみえるが、後半部に注目するならば、百姓の実情に則した課税を行おうとしていたことがわかる。つまり忠利は、百姓の再生産を前提とした課税を行うことで、年貢を不足なく徴収しようとしたのである。

このことを念頭におくならば、「中山肩衝」売却の話は次のように理解できよう。すなわち、忠利が私財を投げ売ってでも百姓を救済しようとしたのは、百姓が困窮し生産できなくなってしまえば、年貢収入は減少し、細川家の財政が破たんしてしまうと考えたからである。忠利は、百姓の再生産なくして細川家の存続がありえないことを理解していた明君だったのである。

肥後国替と忠利の藩政

このような忠利の明君ぶりは、肥後熊本でも発揮されることになる。寛永九年（一六三二）、忠利は加藤忠広改易のあとを受けて、肥後五十四万石の藩主となる。加藤家改易の原因については後節で述べるが、加藤藩政下の熊本藩領では、百姓の再生産を無視した課税が行われ、領民は疲弊していた。これを受け忠利は、悪しき代官の罷免（叢書近世一四四号）、疲弊した村への年貢免除ならびに米の給付（叢書近世一四八号）、いわれのない地子の廃止（叢書近世一四八号）、公儀普請への百姓動員の停止（叢書近世一五二号）など、百姓の再生産に配慮した地域行政を実践した。

とりわけ、忠利が重視したのは、役人の不正を防止することであった。加藤藩政下では、地域行政を担う役人の不正がはびこり、それが百姓を困窮させる一因となっていた。こうした加藤時代の悪政を繰り返さないため忠利は、百姓が役人の不正を訴えることのできる目安制を導入するとともに、職務評価に基づく蔵入地代官・郡奉行の任免を行い、問題のある役人については容赦なく罷免した（稲葉継陽前掲書）。

さらに忠利は、ともすれば職務に私的利害を持ち込みがちな役人の意識改革をはかった。忠利が地域行政の責任者である惣奉行衆に宛てた寛永十三年（一六三六）正月五日付の達書（叢書近世一五六号）には、「代官・郡奉行・惣庄屋は、私なき様に職務にあたることが肝要である。役人たちが自分の利害で下々を支配するならば、国のため家のためにならない」と記されている。忠利は、役人たちが私利を排し、領国全体の利益のために奉仕することを求めたのである。

百姓の救済を進言する興長

このように忠利は、「私なき支配」をめざしたが、それを役人全体に浸透させるには、忠利自ら範を示す必要があった。つまり、忠利自身の私的利害も排除されなくてはならなかったのである。そして、それを忠利に実践させたのは、他ならぬ筆頭家老の興長であった。

寛永十年（一六三三）八月、国替後はじめての年貢収納にあたって興長は、惣奉行衆（浅山修理亮・横山助進・佐藤安右衛門尉）宛に次のような伺書を提出し、米の使途について忠利を問い詰めている（八月二十二日付、叢書近世一三三号、図19）。

> 殿様（細川忠利）の厄払いの米の使途についてお尋ねします。まさか厄払いの祈願をする堂宮を建立するつもりではありませんよね。また、六様（忠利の息子光尚）の代までとって置かれるつもりでもありませんよね。殿様のことですので、相応の御用に使うべきです。

藩主厄払いの名目で計上される米の使途に疑問をもった興長は、それを藩主個人のこと

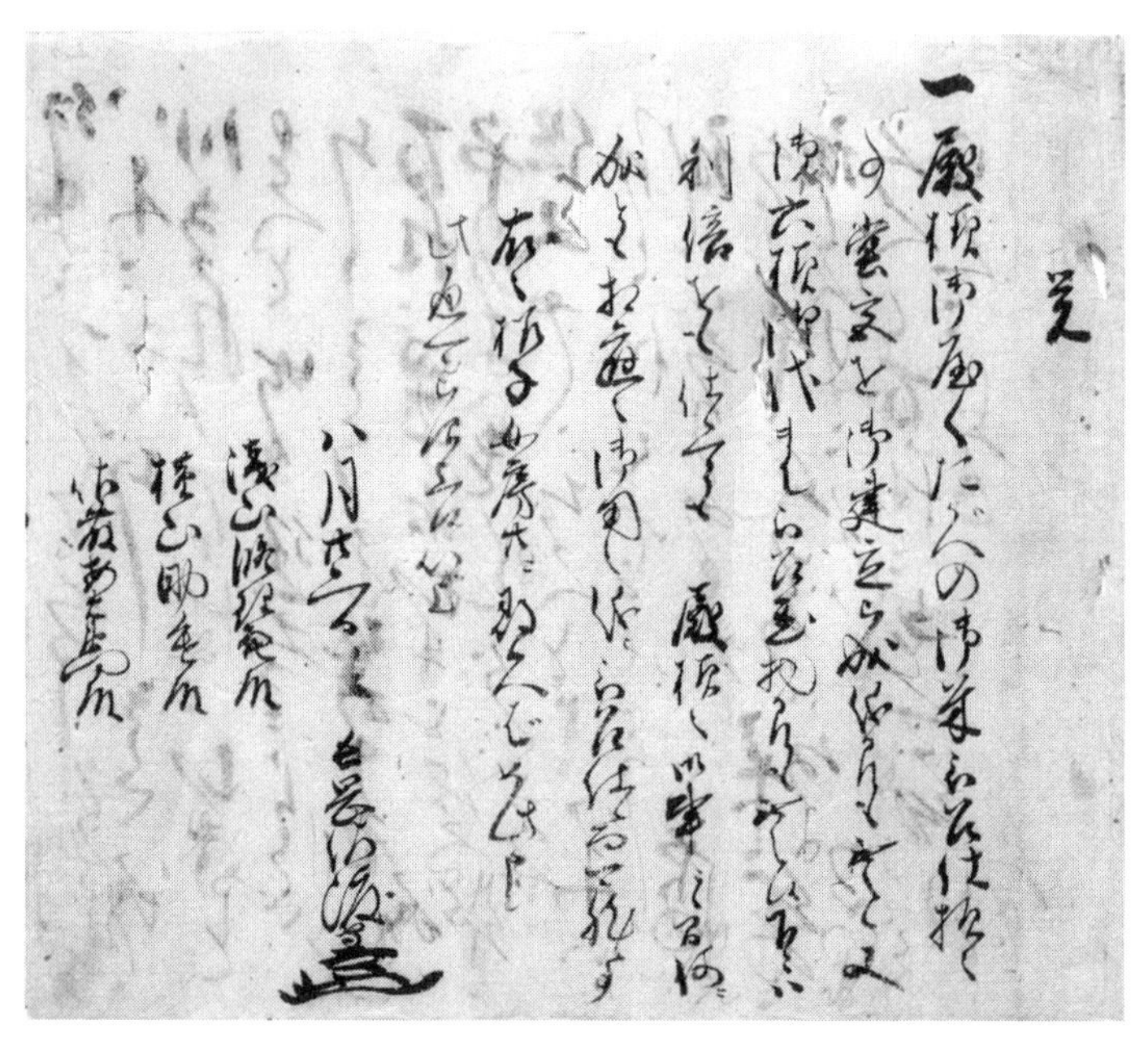

図19　松井興長伺書（永青文庫蔵，熊本大学附属図書館寄託）

に使うのではなく、公共のために使うべきだと異見したのである。公共の利益のためには、藩主個人の利益は犠牲になるべきというのが興長の考えであった。

この考えは、忠利の治世方針と合致するものであり、ゆえに忠利は興長の異見を受け入れざるをえなかった。興長伺書の裏面には、忠利の返事が自筆で記されており、忠利がどのように対処したのかを知ることができる。返事の内容は次の通り。

何事に使っても苦しくない米ならば、芦北・八代で水害にあった百姓に麦など遣わすようにと、昨日、阿部弥一右衛門尉に申し渡した。芦北の者に麦五十石、八代の百姓に麦二十石を遣わすよう申し付けた。被災地のために使えば文句はないだろう。私の用事に使うくらいならば、飢えている百姓に遣わすべきである。

忠利は、「相応の御用に使うべきだ」という興長の進言に従い、自分の米を被災地百姓の救済に当てたのである。

この忠利と興長のやり取りから窺われるように、忠利のめざす「私なき支配」は、藩主に忌憚(きたん)のない異見を述べることができる興長に支えられながら深化していったものであった。

加藤家と細川家の命運を分けたもの

対照的な命運をたどった加藤家と細川家

細川忠利が入国するまで、肥後熊本藩主をつとめていたのは、加藤家である。加藤家の初代清正は、豊臣秀吉に仕え、天正十六年（一五八八）肥後半国十九万石の大名に取り立てられた。そして、慶長五年（一六〇〇）の関ヶ原合戦の折、家康味方の立場をとり、肥後五十四万石の国持ち大名になった。ところが、清正の跡を継ぎ熊本藩主となった忠広は、寛永九年（一六三二）に改易され、加藤家は大名としての地位を失ってしまう。大名加藤家は二代・四十四年の短命に終わったのである。

徳川将軍家からみれば、加藤家も細川家も同じ外様大名であったはずである。しかし、加藤家は改易の憂き目にあい、細川家は豊前三十万石から肥後五十四万石へと加増された。

加藤家と細川家の命運を分けたのは何か。以下、この問題について考えてみよう。

否定されるべき陰謀説

加藤家の改易については、いまだに陰謀説が唱えられることがある。すなわち、豊臣家ゆかりの大名である加藤家を排除したいと考える徳川幕府が、意図的に仕組んだ改易だというのだ。このような陰謀説が唱えられるに至った背景には、加藤家改易の直接の契機となった密書事件の異様性がある。

この事件は、幕府転覆を促す内容をもつ密書が幕府代官井上新左衛門の門内に投げ捨てられ、幕府の捜査の結果、加藤忠広の息子光広にその嫌疑がかけられたというものである。大名家の嫡子がこのような密書を発給するなど常識では考えられず、このため、密書の存在そのものを幕府のでっちあげとする陰謀説が定着することになった。

しかしながら、この陰謀説は、幾人かの歴史研究者によって、すでに否定されている。たとえば、笠谷和比古氏は、加藤家改易の経緯について一次史料に基づき検証を行い、密書が確かに実在し、それが加藤光広の手から発給されたこと、その内容は、土井利勝に将軍家光の暗殺を勧めるようなものであったことを明らかにしている（笠谷和比古前掲書）。つまり、笠谷説に基づくならば、幕府の陰謀など存在せず、加藤家は将軍家光に対する謀叛という、至極当然の理由で改易されたことになる。

筆者もまた、改易の原因をつくったのは、幕府ではなく、加藤家自身だと考えている。ただ、同時に、改易の原因を光広の暴挙にのみ求めるべきではないと考えている。

幕府が示した改易の理由

加藤家の改易が密書事件を契機に断行されたことは間違いない。ただし、幕府が改易に踏み切った理由はそれだけではなかった。改易に際し幕府は諸大名に改易理由を開示しており、細川忠利が受け取った老中奉書(ろうじゅうほうしょ)（六月三日付、『綿考輯録(めんこうしゅうろく)』巻三十二）には、改易の理由が次のように記されていた。

今度、加藤肥後守息豊後守（光広）不届の儀書廻し候につき、御穿鑿(ごせんさく)を遂げられ、豊後守は飛騨国へ御預け候、肥後守（忠広）儀は近年諸事無作法(しょじぶさほう)、その上、江戸において生まれ候子、母ともに御断りも申し上げず、国許へ遣し候儀曲事(くせごと)につき、国を召し上げられ羽州庄内へ遣わされ候、

この記述に従うならば、密書事件は光広を配流する理由であり、改易の理由ではない。そして、改易の理由として示されているのは、藩主忠広の「近年諸事無作法」であり、とりわけ、江戸で生まれた子どもとその母親を幕府の許可なく国元に帰したことであった。すなわち、藩主忠広の日頃の不行跡(ふぎょうせき)をもって幕府は加藤家を改易に処したのである。

忠広の酒乱狂気

幕府が指摘するように、忠広は問題行動の多い藩主であった。忠広の非行は諸家にも広く知れ渡っており、寛永八年（一六三一）における細川忠興と忠利の往復書簡には、忠広の非行を示す記述がたびたび登場する。

①（寛永八年）四月七日付　細川忠利から忠興への書状（細川十―四二二）
加藤肥後（忠広）殿も気違候由、はや久々申し候、四、五日前よりもってのほか気違申し候由候事、

②（寛永八年）五月十一日付　細川忠興から忠利への書状（細川四―八七五）
宮内殿兄右京（池田政綱）・同弟石見（池田輝澄）・加藤肥後（忠広）、何も気違申す由、いな事がはやり申し候、狂気の始り、藤泉（藤堂高虎）にて候つる、藤堂左兵衛（高重）も此内にて候事、

③（寛永八年）七月十五日付　細川忠興から忠利への書状（細川四―八八七）
加藤肥後（忠広）気違の由候つる、このごろ何の沙汰もこれ無く候、いかが成り行き候や、入らざる事ながら承りたき事、

④（寛永八年）八月三日付　細川忠利から忠興への書状（細川十―四四〇）
加藤肥後（忠広）気違の事、このうちの居人に勝れたる傍輩あしらい、まして内のものにも其分、そのうえ、日々夜々酒もり、よのつねならぬ儀にて御座候、このごろ誰

ぞきつく異見を申し候と聞え申し候、それ故きもをつぶし、少し形儀なをし申され候
故、申しやみ候由に御座候事、

これらの書状を読むとわかるように、忠広は酒におぼれ、その姿は狂気と揶揄されるほどであった。幕府が示した改易理由の「近年諸事無作法」には、このような忠広の酒乱狂気も含まれていたものと考えられる。

領国支配の問題

また、領国支配の悪さも原因の一つとしてあげられる。永青文庫には、改易時における加藤領国の悲惨な状況を示す一通の古文書「肥後先代ノしおきノ覚」（「寛永九年」十一月十四日付、「細川家資料総目録」江戸幕府二九五）が伝来している。この文書は、加藤家臣（出田権左衛門・阿久根二郎兵衛）が領地を幕府上使衆に引き渡すに際し作成したもので、重税に苦しむ百姓の姿が次のように記されていた。

①一、蔵入地ならびに給人地では、無理な年貢をかけられ、妻子ばかりでなく、世帯主までも身売りし、家そのものが絶えた村が多数ある。

②一、海辺の村では、漁をしない村にも御菜の肴として過分の税金がかけられているので、百姓が迷惑している。

③一、慶長十二年（一六〇七）の検地帳に基づいて、すでに木が枯れ失せた地域からも上木役銀が徴収され続け、百姓が迷惑している。

④一、酒札・室札・商札・馬札などの札銀（営業税）を徴収され町人が迷惑している。

⑤一、宇土郡の村々は旱魃被害にあったにもかかわらず四〜五割の年貢をかけられ、百姓たちは食べる米がない。益城郡にも同様の村が三十四ヵ村ある。

⑥一、宇土・益城郡の百姓はことのほか痩せ衰えている。

⑦一、郡代の下代ならびに代官・蔵奉行などの手代の中には、悪しき者がたくさんいる。

本状の記述により、百姓の再生産を無視した課税が行われ、潰れ百姓を続出させていたこと（①）、実情にあわない不当な課税に百姓・町人が不満をつのらせていたこと（②③④）、旱魃の手当てが行われず百姓を飢えさせていたこと（⑤⑥）、年貢徴収などの実務に携わる役人の不正が放置されていたこと（⑦）がわかる。

資質に欠ける藩主のもと、領民を疲弊させる領国支配が行われるというのが、改易前の加藤領国の実態であり、このことも改易の大きな理由になったものと考えられる。

なお、「肥後先代ノしおきノ覚」は、稲葉継陽『細川忠利』に写真・全文が掲載され、詳細な解説がほどこされているので、参照されたい。

家老加藤正方の問題

ところで、忠広の家督を認めるに際し幕府は、家老加藤正方を執政の中心に据えるよう指示していた。幕府は、正方が藩主の不足を補うことを期待し、加藤家に肥後一国を委ねたのである。では、執政を任された正方は、何をしていたのだろうか。

正方は決して無能な人物ではなかった。牛方馬方騒動に際し正方は、幕閣の人脈を巧みに利用し、政敵加藤正次を排除することに成功している。また、一国一城令の例外として八代城の存続を幕府に認めさせたばかりか、元和五年（一六一九）の地震で八代城が損壊すると、新しく城を築く許可を幕府から引き出している。さらには、八代城下町のインフラ整備を積極的に行い、八代町の振興に寄与した。これらのことが示すように、正方は優れた交渉能力を持つ政治家であり、高い統治能力を持つ八代の城主であった。ただし、城主としての自立性を有するがゆえに、御家全体の利益を追求する意識が希薄であった。

先に述べたように、加藤家で御家騒動が起こったとき正方は、藩主忠広が処罰されるリスクをおかして、政敵加藤正次の謀叛を幕府に訴えた。結果的にこれが改易に帰結することはなかったものの、正方が正次の謀叛を公表したことは、彼が加藤家全体の利益よりも、自己の権力維持を優先したことを示す。

また、正方が自分の利を追求する人物だったことは、改易後の彼の行動からも窺うことができる。改易後、正方は広島浅野家にお預けとなり、慶安元年（一六四八）に六十九歳で亡くなっているが、その翌年、加藤家旧臣柏原清左衛門は、正方の不正を告発する覚書（関宿加藤家文書、境町歴史民俗資料館所蔵、八代市立博物館未来の森ミュージアム図録『八代城主・加藤正方の遺産』史料20）を作成している。これによると、正方は、幕府に差し出すべき金子や忠広所有の金銀諸道具を横領しており、その総額は金だけでも大判四百枚あまり、小判四千二百六十両あまりに及んでいる。この覚書には、「家老も仕り候風庵（加藤正方）仕方には、条々去とては不届き儀と存じ奉り候」という批判の言葉がそえられており、柏原清左衛門が正方の行為を家老にあるまじき不正ととらえていたことがわかる。

　このことからわかるように、改易後、正方は主君忠広の財産にまで手をつけ、私腹を肥やしていた。改易後のこととはいえ、正方が主家の利を第一に考える人物だったなら、このようなことはしなかったはずである。

　正方が膨大な資産を蓄えていたことは、その遺産からも知ることができる。死に際し正方は、遺産分けの目録（広島加藤家資料、八代市立博物館未来の森ミュージアム所蔵、前掲図録『八代城主・加藤正方の遺産』No.38）を作成しており、これに記された金銀の額を集計すると、大判四十枚、小判二千三百六十三両、銀子九十五貫八百八十四匁、印子（金塊）二十四個に及ぶ。現在の金銭価値からするならば二億円はくだらない金額であり、正方が莫大な資産を残したことがわかる。正方は浅野家から百人扶持を与えられていたが、その収入だけでこれだけの資産を残しえたとは考え難く、八代城主時代に築いた資産ならびに改易後に横領した金銀が遺産の原資となったものと考えられる。

このように正方は、主家の利よりも自分の利を追求する家老であった。執政を委ねられた筆頭家老がこのようなものであれば、役人の不正を取り締まることなど望むべくもなかったといえよう。すなわち、御家第一主義の価値観を持ちえぬ家老のあり方にも、改易原因の一端を見出しえるのである。

酒乱狂気の藩主と、藩主守り立ての自覚を欠いた家老のもと、役人の不正が放置され、領民は疲弊する。これが改易前の加藤家の姿であった。

統治能力の差

ひとことで言えば、加藤家は、肥後一国を治める能力を欠いていたのであり、それが筆者の考えるところの改易の原因である。

そして、加藤家とは対照的に、細川家の統治能力は高かった。「中山肩衝（なかやまかたつき）」のエピソードに象徴されるように、藩主忠利は、百姓の生産維持に心血をそそいだし、家老興長は忠利を律することでそれを支えた。幕府は、そのような細川家の実績を見込んで、肥後を預けたものと考えられる。のちに興長は、肥後国替の理由について、「当国の義は、御人躰（じんてい）（人柄）を御選びなられ、国守に仰せ付けらると相聞へ申し候（幕府は忠利の人柄を評価して肥後一国を預けられた）」（「松井興長諫言状」松井三―四九四）と述べているが、それはうぬぼれや誇張ではなく、事実であったといえよう。加藤家と細川家の命運を分けたのは、統治能力の差であり、そこには家老の価値観も関わっていたのである。

島原・天草一揆

大国拝領の責任

肥後国替から五年が経過した寛永十四年（一六三七）十月、肥前島原の松倉領と肥後天草の寺沢領でキリシタンによる一揆が勃発する。島原・天草一揆（いわゆる島原の乱）である。この一揆平定に際し、細川家を含む九州諸大名の多くが軍事動員されている。

徳川将軍と主従関係を結ぶ大名は、領地給付（御恩）に対する代償として、将軍に奉公する義務を負っていた。この奉公の最たるものが軍役奉仕であり、将軍が発動する軍事動員に応じることは、大名が大名であるために、必ず果たさなければならない責務であった。

島原・天草一揆は、大坂の陣以来の久しぶりの戦役であり、大名にとって、自分たちの存在意義を示すまたとない機会であった。とりわけ細川忠利は、この戦役を大国拝領の御恩に報いる場と捉えていた。出陣に先立ち忠利は、息子光尚（みつなお）に次のような書状（「寛永十五年」正月六日付、『綿考輯録（めんこうしゅうろく）』巻四十三）を送っている。

　いまの時代、戦陣はめずらしいことである。このような奉公の機会に、細川家が参陣しないとなれば、大国拝領の恥であり、上様（将軍徳川家光）にも恥をかかせてしまうことになるので、少しも手抜かりないようにしなければならない。

忠利は、この戦役を将軍に対する奉公の機会と捉え、肥後一国を預かるにふさわしい働きをしなければならないと考えていた。忠利にとって、島原・天草一揆は、熊本藩主としての資質を問われる戦いであったのである。

一揆勃発時における興長の立場

では、この戦役にあたり松井興長（おきなが）は、家老としていかなる役割を果たしたのか。

興長は八十年の生涯の中で二度、実戦を経験している。一度目は、関ヶ原合戦の前哨戦である岐阜城の戦いである。当時十九歳だった興長は、木付（きつき）滞在中の父康之（やすゆき）に代わり松井家臣を率いて岐阜城攻めに参加した。この戦いで興長は頭に銃弾をあびている。兜（かぶと）の鉄板のおかげで一命はとりとめたものの、重傷を負ったため、関ヶ原合戦への出陣は叶わなかった。

そして、二度目の出陣となったのが、島原・天草一揆平定戦である。細川家臣の中でも実戦経験のある者は少なく、それだけでも興長の存在は貴重だった。ただし、求められた役割は、岐阜城攻めのときとはずいぶん異なるものであった。岐阜城攻めのときは、名目上は父の代理として松井家臣を指揮する立場にあったが、実際に求められた仕事は、松井軍団の一員として眼前の敵を倒すことであったし、周囲には経験豊富な家臣たちがいて守ってくれた。しかし、島原・天草一揆平定戦で彼に求められたのは、細川軍全体の動きを指揮・監督する筆頭家老としての仕事であった。

とりわけ、一揆勃発当初、彼には藩主に代わって決断を下すという重責が課せられた。一揆が勃発したとき、忠利を含む九州諸藩の藩主たちは江戸に参勤中で、家老たちがその留守を預かっていた。熊本藩には興長のほか、米田是季(こめたこれすえ)・有吉英貴(ありよしひでたか)という二人の家老がいて、重要な案件は三人の合議によって決定されることになっていた。ただ、家格・年齢・実績からいって、最終決断を下す立場にあったのは興長だったといえよう。当時興長は五十六歳、米田是季は五十二歳、有吉英貴は三十八歳で、実戦経験があるのは興長だけであった。

派兵すべきか、幕命を待つべきか

熊本藩にとって島原は近隣の地である。熊本城と島原は直線距離にして三十キロほどしか離れておらず、有明海を利用すれば一日でたどり着くことができる。このため、熊本藩の家老たちが島原の異変に気づくのも早かった。

一揆が勃発したのは寛永十四年（一六三七）十月二十四日のことであるが、その三日後の二十七日には、興長ら三家老は一揆の発生を確認している。島原から逃れてきた百姓が肥後飽田（あきた）郡の海岸にたどり着き、キリシタンによる一揆が勃発したことを告げたのである。

さらにその翌日、島原藩の家老から援軍の派遣を求める書状（十月二十七日付、熊本藩三家老宛、鶴田倉造編『原史料で綴る天草島原の乱』一九号、以下、『原史料』と略す）が届く。この書状には、「ここもと百姓どもきりしたん俄（にわか）に立ちあがり、一揆の仕合にて村々焼き払い、城下の町まで昨日焼き申し候、隣国の儀に御座候あいだ、早速御加勢成られ下さるべく候、頼み存じ奉り候、下々の儀に御座候えども、およそ人数五、六千程御座候」と記されていた。

島原が深刻な状況にあるのは明白で、隣藩として何らかの対応策を講じる必要があった。このため熊本藩三家老は評議を催し対応策について話し合うが、そこで問題になったのが大名の勝手な出兵を禁じた武家諸法度（ぶけしょはっと）の存在である。寛永十二年に発せられた武家諸法度により、大名が幕府の命令なくして他国へ出兵することは堅く禁じられており、即時の島原出兵は、法令違反に問われる可能性があったのである。かといって、幕府の指示を仰ぐにも、熊本と江戸は遠く離れており、往復に四週間ほどかかる。書状や使者のやり取りをしている間に一揆が拡大し、取り返しのつかない事態になるかもしれない。一揆を放置するのか、法令に背き派兵するのか、難しい選択を迫られる中、興長が下した決断は、即時の出兵は行わず、豊後目付の指示を仰ぐというものであった。『松井家先祖由来附』（五巻）によると、評議の席で興長は次のように述べたという。

島原は隣国のことであり速やかに人数を差し向け鎮圧すべきであるが、幕府の命令なくして他領に出陣することは幕府の堅く禁じるところである。そのうえ殿様は在府中で、私には取り計らい難いので、まずは一揆の発生を江戸に知らせ命令待つべきである。しかしながら、遠路であるので、命令を待っていては間に合わない。豊後府内（大分県大分市）に幕府の目付が在番しているので、この目付に一揆の発生を知らせ、裁可を仰ぐものとする。

豊後には配流された松平忠直を監視するため、幕臣の牧野成純と林勝正が在番していた。豊後ならば二日で書状を届けることができ、この二人が許可を与えてくれるならば、法令違反を侵すことなく数日内に出兵することができるというのが興長の考えであった。

この興長の意見に他の家老も同意したため、豊後目付に書状（十月二十八日付、『原史料』三七号）を送り指示を仰ぐことになった。この書状には、「差図次第に加勢を派遣するつもりだ」と記されており、熊本藩三家老が援軍派遣の必要性を感じていたことがわかる。

数日後、豊後目付から返事（十月晦日付、『原史料』八二号）が届く。それには、「一揆勃発については承知したが、援軍の派遣については、江戸からの指示を待つように」と記されていた。

一揆は拡大の一途をたどっており、援軍が必要なのは明白であった。しかし、豊後目付が待てというならば、それに従うほかなかった。再度開いた評議の席で興長は、「この上は、嶋原表もし落城に及び候とも、仕るべき様もこれなく、強いて他領の懸合など仕り候はば、かえって御国の御ため悪しく成り行き申すべし」（『松井家先祖由来附』五巻）と述べたという。島原城を見捨てることよりも、法令に背き出兵することの方が、細川家の不利益になるというのが、興長の考えであった。

ところで、島原に呼応して、肥後天草でも一揆が起きた。これを知った興長は、再度、豊後目付に書状を送り、天草に出兵したいと願い出たが、返事は島原と同様、「江戸からの指示を待つように」というものであった。天草は肥前唐津（からつ）藩主寺沢堅高（てらさわかたたか）の飛び地で細川領ではなかったが、肥後一国を預かる細川家としては、一揆鎮圧の責任があったし、何よりも自領への拡散が危惧された。自国の安全を確保するためにも、急ぎ天草に派兵し一揆を鎮圧する必要があったのである。しかし、興長は動かなかった。同国のことであっても、幕府の許可を得ぬまま出兵してはならない、それが興長の判断であった。

法令遵守か即時派兵かの問題に直面したのは、熊本藩の家老だけではなかった。一揆勃発の知らせは九州諸藩に届いており、難しい判断に迫られた諸藩の家老たちは、互いに連絡を取りあい、対応策について相談している。

他藩家老との連携

たとえば、柳川藩の家老は熊本藩の家老や佐賀藩の家老に対し、「一揆の勃発が本当ならば、加勢を送るべきだろうか、貴藩の考えを知らせてほしい」と記した書状（『原史料』二二・四〇号）を送っているし、熊本藩の家老は佐賀藩の家老に対し、「島原で一揆が勃発したとの風聞が立っている。そちらではどのように対処するつもりなのか教えてほしい」との書状（『原史料』三四号）を送っている。

なかでも興味深い内容をもつのは、佐賀藩の家老多久長門守・美作守が興長に宛てた十月二十七日付の書状（『原史料』二一号）で、次のように記されていた。

松倉殿御領分の島原に気違者（キリシタンのことヵ）がいて、少々成敗されたが、残る悪党が多くいるとのことだ。あなたの耳にも入っていることだと思う。松倉領の地下人が申し合わせて、さらに狼藉するならば、貴藩はいかがなされるつもりか。当藩も貴藩と同じようにしたい。

追伸。たとえ隣国であっても、命令が下る以前に出兵してはならないというのが、公儀の御法度であるが、万一、大破（島原城が落城するような事態）に及んだら、どのように対処なされるつもりか。同じ対処をしたいので、教えてほしい。

この文面が示すように、待機するにせよ出軍するにせよ、熊本藩と足並みをそろえたいというのが、佐賀藩家老の思いであった。

これに対し、熊本藩三家老は次のような返書（十月二十八日付、『原史料』三五号）を送っている。

おっしゃる通り、どの国でどのようなことが起こっても、幕府の命令を待たねばならない。当藩では、豊後目付に書状を送り、どのようにしたらよいか指示を仰いでいるところだ。その指示に従うつもりだ。変化があれば、たがいに意見を交換しよう。

法令を守り幕命を待つこと、幕府の指示を得るため豊後目付に書状を送ったことが記されており、熊本藩家老が自藩の方針を偽りなく伝えていたことがわかる。「大破に及んだ」ときの対応については明言をさけているものの、「変化があれば、たがいに意見を交換しよう（相替る儀御座候はば、互いに御意を得べく候）」の一文からは、佐賀藩と連携しようとする熊本藩家老の意志を窺うことができる。

このように九州諸藩の家老たちは、互いに連絡を取りあい、同じ行動をとることで、この難局に対処しようとした。

同一行動によるリスク回避

九州諸藩の家老たちは、法令を守っても破っても幕府から制裁されるかもしれないという厳しい立場に置かれていた。幕府の許可を得ぬまま島原に出兵することは法令違反であり、無論それは制裁の対象であった。かといって、法令を守って援軍を派遣せず、一揆が拡大してしまえば、その責を問われる可能性もあった。このような中、九州の家老たちは、互いに連携し、同一の行動をとることで、自らの行動を正当化しようとしたのである。

結局のところ、九州の家老たちは、幕府の命令を受けるまで出兵しないという選択をした。それは一揆の拡大を招いたものの、幕府の制裁から自家を守るという意味においては正しい選択であった。十一月九日に豊後目付から一揆勃発の知らせを受けた幕府は、同日付で次のような書状（『原史料』二六七号）を細川忠利に送っている。

一筆啓せしめ候、しかれば嶋原の一儀につき、貴殿留守居の者ども承き届け、度々豊後御目付衆まで注進致し候由、御目付衆より申し越され候通り聞こし召され、留守居の者ども、兼て仰せ出さるの旨相守り、かたがた入念の通り、御機嫌に思し食し候、右の趣申し入るべきの旨上意候、恐々謹言、

十一月九日

阿部豊後守忠秋
松平伊豆守信綱
酒井讃岐守忠勝
土井大炊頭利勝

細川越中守殿

本状は将軍家光の意志を伝えるため、幕府老中が発したもの。熊本藩の家老が武家諸法度を守ったことを知り、将軍家光は「御機嫌」であったことを伝えている。幕府の法令を遵守した九州諸藩の行動に家光は満足したのである。

時機を逸した天草出兵

興長が幕府の指示を待つ間、天草で勃発した一揆は拡大の一途をたどっていた。大矢野（上天草市大矢野町）で蜂起した一揆軍は、天草の上島に渡り上津浦（天草市有明町）に集結。島原の一揆軍もこれに合流した。唐津藩は約千五百の軍勢を天草に派遣し一揆の鎮圧にあたったが、十一月十四日の本渡の戦いで敗北を喫し、富岡城への撤退を余儀なくされていた。

このような状況の中、熊本藩の天草出兵を許可する十一月九日付の書状（『原史料』二五八号）が豊後目付のもとに届く。この書状は、京都所司代の板倉重宗、大坂城代の阿部正次ら上方の幕府重臣が熊本藩三家老宛に発したもので、「島原への出兵は幕府（江戸）

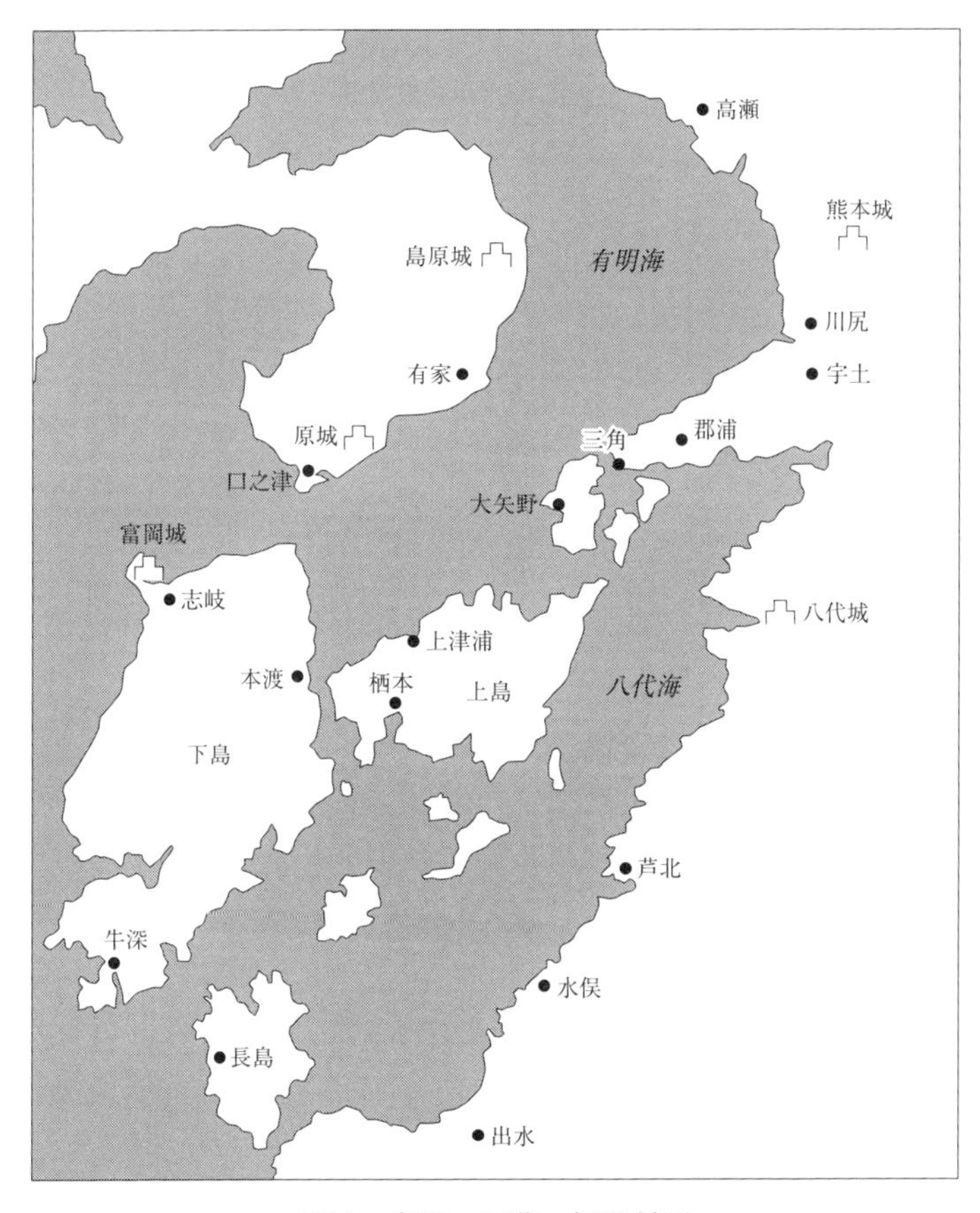

図20　島原・天草一揆関係図

の指示を待たねばならないが、天草については（江戸からの）命令を待っていては手遅れになるので、速やかに討伐の兵を出すように」と記されていた。

興長がこの書状を受け取ったのは十一月十六日のことである。肥後高瀬で豊後目付と面談した際、直々に書状を手渡されたという。板倉・阿部らの指示は江戸の許可を得たものではなかったが、彼らは西国大名の監督をつかさどる幕府の重臣であり、この出兵命令は幕府のお墨付きを得たに等しい。書状を読んだ興長は、その場で天草出兵を願い出た。これに対し豊後目付は、「まず天草の様子を聞き届け、隣国の衆を召し寄せ相談してからのことである」（『綿考輯録』巻四十）と述べ、待機を命じたという。興長ら家老は、決定を先送りにする豊後目付の態度に不満を覚えたものの、彼らの指示を無視して出兵を断行するまでの勇気はなかった。こうして天草出兵はまたもや見送られることになったのである。

結局、細川軍による天草出兵が開始されたのは、十二月七日のことである。十一月二十八日、興長は江戸から派遣された幕府の上使板倉重昌（いたくらしげまさ）・石谷貞清（いしがやさだきよ）と筑前山家（やまえ）（福岡県筑紫野市）で面会し、直々に出兵の許可を得て、天草出兵を発動。数日で出兵の準備を整え、一万六千人あまりの軍勢を天草に送り込んだ。興長自身は出陣せず熊本に留まったが、家老の有吉英貴、細川忠利の弟細川立孝（たつたか）、忠利の嫡子光尚、興長の息子寄之（よりゆき）が軍勢を率いて出陣した。

十二月七日に大矢野に上陸した細川軍は、一揆軍を探索しながら進軍。十一日に上津浦に至る。しかし、時すでに遅かった。富岡城を攻めあぐねた一揆軍は、対岸の島原に渡海し、原城（はらじょう）（長崎県南島原市）に集結しており、天草に敵の姿はなかったのである。

家老を叱責する忠利

このように細川軍は敵を取り逃がすという失態を演じてしまった。出兵するのが遅すぎたのである。その最たる原因は豊後目付の煮え切らない態度にあったが、目付任せにした興長ら家老にも問題はあった。少なくとも忠利はそう考えていた。忠利は興長ら家老に宛てた（寛永十五年）正月六日付書状（『綿考輯録』巻四十三）の中で、「板倉重宗・大坂衆よりの状は上意同前であるのに、どうして天草に出兵しなかったのか」と述べている。

先に述べたように興長は、十一月十六日に天草出兵を認める板倉・阿部らの書状を受け取っていた。これは上意、すなわち将軍の意志と同じものであるから、即座に天草へ出兵すべきであったというのが、忠利の意見であり、出兵を躊躇した家老を責めたのである。

忠利の不満はこのことだけではなかった。いまだ島原に軍勢を送りこめていないことにも苛立ちを覚えていた。細川軍が天草で一揆軍を取り逃がしていた頃、島原では松倉（島原）・鍋島（佐賀）・有馬（久留米）・立花（柳川）軍による原城攻めが開始されていた。これを受け興長は、上使衆に島原参陣を願い出たが、許されなかった。気の毒に思った長崎奉行の馬場利重（ばばとししげ）と榊原職直（さかきばらもとなお）が警固船の派遣を指示したため、大船二十艘を送り込むことはできたが、命じられたのは艦砲射撃による援護であり、上陸して陣取することはできなかった。これについて忠利は、「なぜ上陸して陣取しないのか。ねばき（にぶい）思案である」（前掲正月六日付忠利書状、『綿考輯録』巻四十三）と述べ、興長ら家老の差配を非難している。

このように忠利は、幕命の範囲内で動こうとする家老を叱責したわけであるが、なぜ忠利は正当とも思える家老の行動を非難したのか。

本節の冒頭で述べたように忠利は、この戦役を将軍に対する奉公の機会と捉え、肥後一国を預かるにふさわしい働きをしなければならないと考えていた。すなわち、他にぬきんでた戦功をあげなければ、大国大名としての面目が立たないと考えていたのであり、ゆえに島原参陣を果たせないでいる現状に苛立ち、家老の差配を非難したのである。

興長とて思いは同じであった。豊後目付や上使にたびたび出兵を願い出たことからわかるように、興長も軍勢を早く島原に送り込みたいと考えていた。しかし、功にあせって幕命に背くようなことがあれば、後々どのような制裁を受けるかわからない。興長が島原出兵を望みながらも、目付や上使の指示に従い軍勢の派遣を自制したのは、幕命に従うことの方が細川家のためになると考えたからであった。

図21　原城跡航空写真（南島原市教育委員会提供）

指揮官は指揮に専念せよ

細川軍が島原出兵を認められ、原城に着陣したのは寛永十五年（一六三八）正月五日のことである。今回の出兵では、三家老のうち、米田是季が熊本に残り、松井興長と有吉英貴が一番備（いちばんぞなえ）の旗頭（はたがしら）として出陣した。興長の率いる備（そなえ）の人数は三千二百七十九人、有吉英貴の率いる人数は二千六百八十五人で、城乗りの際は、両家老が率いる備が先鋒をつとめることになっていた。

原城攻めは、上使板倉重昌の指揮のもと、松倉・鍋島・有馬・立花らの軍勢によって開始されていたが、一揆軍の激しい抵抗によりいまだ城を落せないでいた。正月一日に決行された第一次原城総攻撃では、板倉重昌が戦死するなど、幕府軍は多大な損失を蒙っている。

この城攻めが失敗したのは、上使を含めた将兵が功にあせり、統制のない攻撃を行ったためである。板倉重昌は松平信綱が第二次上使として派遣されたことを知り、信綱が到着する前に城を落とそうと、準備が整っていないにも関わらず城乗りの命令を出した。これを受けた諸大名軍は、一番乗りを果たそうと、定められた攻撃の日時を守らず我先にと城に攻め入った。統制を欠いた幕府軍の攻撃は、一揆軍の反撃にあい、四千人あまりの死傷者を出すことになったのである。

板倉重昌のあとを受け、原城攻めの指揮をとることになった松平信綱は、先の失敗を繰り返さないため、仕寄（しより）を寄せたうえで、城乗りを行うものとした。すなわち、築山（つきやま）を築き、井楼（せいろう）（櫓（やぐら））をあげ、弾除けの竹束（たけたば）と防御柵を城に寄せていくという手堅い作戦をとったのである。

原城に集結した諸大名軍は、それぞれに持ち場を振り分けられた。三の丸方面を担当した細川軍は、城内から放たれる鉄砲・矢・石に苦しみながらも、仕寄を寄せ、二月十四日には塀際十九間（約三十四・五メートル）の所まで進んでいた。他大名軍の仕寄も進み、いよいよ城乗り間近と思われた頃、興長は息子寄之と連名で家臣に次のような軍令（寛永十五年〔一六三八〕二月十六日付、『松井家先祖由来附』五巻）を発している。

①一、仰せ出さる御軍法、堅く相守るべく候、相背く輩においては落度に申し付くべき事、

②一、備の儀、別紙に書出候通り相守るべく候、その旨を破り、下知（げち）これ無きにぬけ懸（がけ）の働き仕るまじき事、

③一、一揆郷人（きょうじん）たるのあいだ、首取り申さず討ち捨てに仕るべきの旨、公儀よりの仰せにて候、その旨守るべき事、

④一、立花殿表口の境にて討捨の者には、心印仕置くべき旨御意候あいだ、その意を得べき事、

⑤一、番頭（ばんがしら）は組の者を引廻し、敵を防ぎ申すべく候、組中一分のかせぎ仕るまじき事、

⑥一、鉄砲頭（てっぽうがしら）は預の鉄砲を打せ敵を防ぎ申すべく候、鉄砲の者に構わず一分のかせぎ仕り候はば、曲事（くせごと）に申し付くべき事、

⑦一、我等そばに召し置き候者ども、別紙に書き出し候あいだ、その意を成し、先にいか様の働これ在るとも、側に罷り在るべく候事、

この軍令は、家臣が功名（こうみょう）に走るのを防ぐために出されたもので、軍法の遵守（①）、抜け駆けの禁止（②）、首取りの禁止（③）、指揮官の指揮専念義務（⑤⑥）、持ち場を離れることの禁止（⑦）が命じられている。とりわけ注目したいのは、五条目と六条目の記述。番頭と鉄砲頭が配下の者を指揮せず、自分一人の功名（「一分（いちぶ）の稼（かせ）ぎ」）に走ることを堅く禁じている。

松井家では家臣団を四つの組にわけ、番頭と呼ばれる重臣に各組を統率させていた。また、それぞれの組には、鉄砲隊の長である鉄砲頭が付属させられていた。自分の組の者を指揮するのが番頭の仕事であり、番頭の指揮のもと鉄砲隊を指揮するのが鉄砲頭の仕事であった。つまり、配下の者を指揮するのが番頭と鉄砲頭の仕事であり、その仕事に専念するよう興長は命じたわけである。

興長がこのような軍令を出したのは、指揮官の功名心が組織全体の利益を損ねると考えたからである。「槍下(やりした)の高名(こうみょう)」という言葉があるように、敵を槍(やり)で突き伏せ首を取ることが、最たる名誉だという考えが武士にはあった。しかし、番頭や鉄砲頭が指揮そっちのけで、敵の首取りに走ってしまえば、集団による効果的な攻撃は行いえず、味方の被害も増してしまう。第一次総攻撃の失敗の原因はまさにそこにあった。

上使松平信綱は、全軍に対し、抜け駆けや首取りの禁止を命じており、興長の軍令もこれを受け発せられたものと考えられるが、「一分の稼ぎ」を捨て、指揮に専念せよと命じるその言葉からは、大名家の家臣は、個人の利益よりも、御家や公儀といった集団の利益を優先すべきだという、興長の基本理念を窺うことができる。

指揮する興長

二月二十七日、第二次総攻撃が開始される。この戦いにおける細川軍の目的は、三の丸から城に乗り入れ、本丸に立て籠る一揆軍を制圧することにあった。すでに細川忠利も着陣しており、細川軍全体の指揮は忠利がとったが、先鋒の指揮は松井興長と有吉英貴に任されていた。両家老は、自らの備を以て、本丸にいち早く乗り入れることを求められたのである。

城乗りの下知が下されると興長は、持筒頭（もちづつがしら）橋本角右衛門と中山藤兵衛に命じて上矢を打たせ、城内の敵がひるんだ隙に軍勢を突入させた。松井勢は三の丸の敵を駆逐しながら二の丸に乗り入れる。しかし、二の丸には大勢の敵がおり、思うように軍勢を進めることができない。そこで興長は、有吉英貴と相談のうえ、二の丸の敵は追い捨てにして先に進むよう命令を下した。二の丸の敵を殺し尽くしていては、本丸に取りつくのが遅くなってしまうというのが興長の考えであった。これにより松井・有吉勢は、鉄砲で敵を払いながら前へ前へと進み、ついには本丸一番乗りを果たしたのである。

本丸に乗り入れた細川軍であるが、一揆軍の陣所で火災が発生しており、これ以上、先に進むのは困難であった。このため、いったん進撃を停止し、煙と火が鎮まるのを待つことになった。これを受け興長は、敵と細川軍のあいだに柵を築かせ、松井家の鉄砲隊を柵裏に配置し、一揆軍の反撃を防いだ。夜になると、本丸周辺の細川軍はいったん浜手に下げられることになったが、興長は本丸に留まり陣地を守り続けたという。

後日、興長は、城乗りの状況を記した報告書（「松井興長言上の書付」松井十二―二二四二）を忠利に提出しているが、それには、本丸陣地の様子が次のように記されていた。

一、二十七日の夜、本丸に上がり柵裏を見廻ったところ、人数が手薄だったので、近くにいた衆を本丸に上げました。せっかく殿様がお取りになられた本丸を敵に奪い返されるようなことがあってはならないと思いそのように差配しました。

一、二十七日の夜に入ってから、本丸下にいた人数は浜手へ下げられ、私と寄之も浜手へ下がるよう命じられました。しかし、本丸の状況を把握しておきたかったので、許しを得て留まりました。浜手に下げられた人数も夜七ツ時分に本丸に上げました。私一手の者は残らず本丸に上げました。

右のことについて、私と寄之は多くの人数を本丸に上げました。少しも油断しませんでした。もちろん、二十七日夜中の本丸については、すべて私が差配しました。もっとも、これぐらいのことは、先鋒を命じられている者としては当然のことです。

本状により、興長が最前線に身を置き、本丸陣地の守備を差配していたこと、それを先鋒指揮官の当然の役割と考えていたことがわかる。

かくして本丸を一晩守りきった細川軍は、翌二十八日の未明から本丸進撃を再開。天草四郎を討ち取るなどの軍功をあげた。同じ頃、他の大名軍も本丸に乗り入れ、その日の夕刻、原城は落城した。

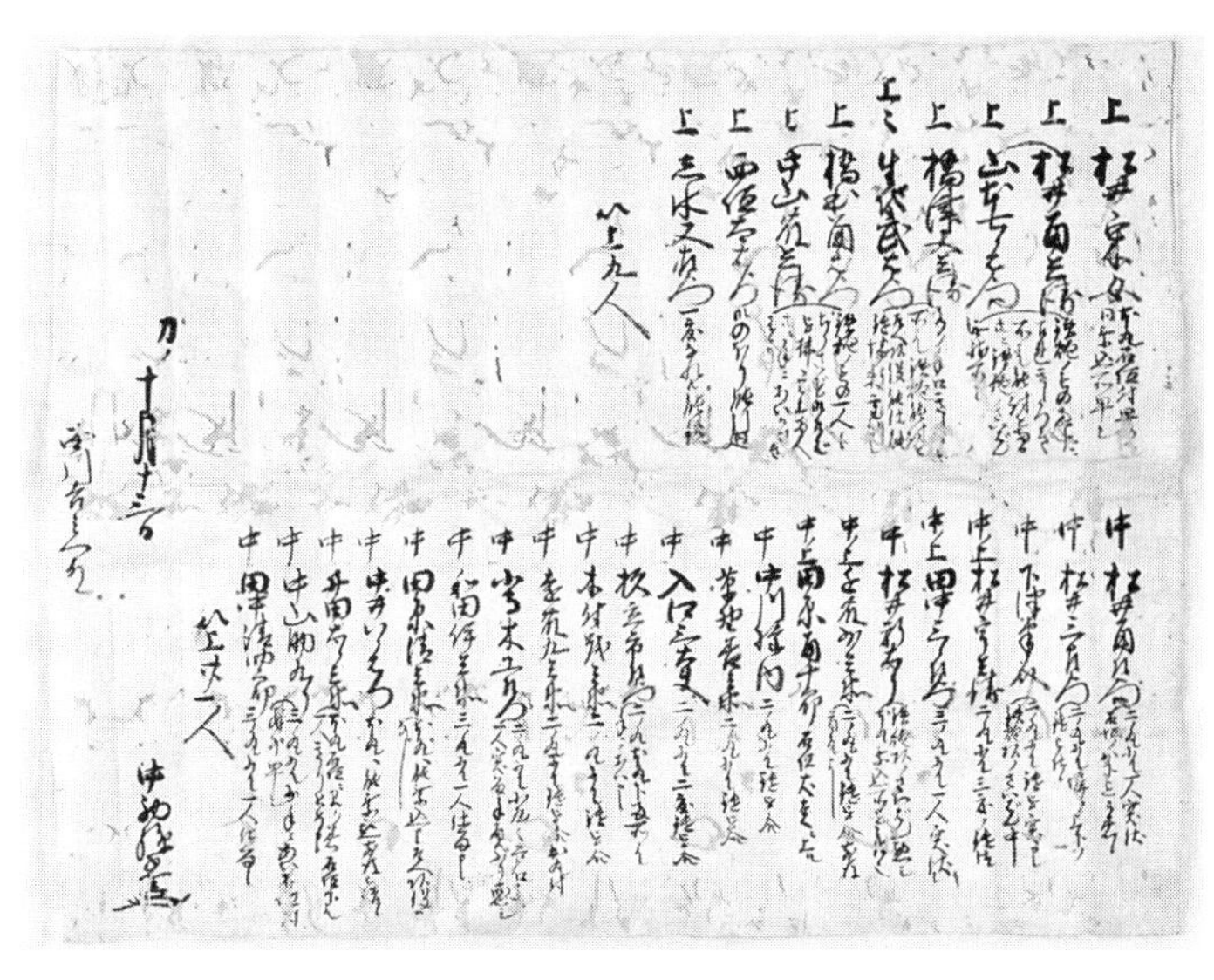

図22　有馬の陣戦功の者書付（松井文庫蔵，八代市立博物館未来の森ミュージアム寄託）

このように、戦闘の要所要所で興長が与えた指示は、細川軍を本丸一番乗り、ひいては天草四郎討ち取りへと導いた。この戦いで興長個人は一つの首級もあげていないが、その指揮は細川家全体に大きな軍功をもたらしたのである。

戦いの評価

城乗りの前、興長は家臣に対し、「一分の稼ぎ」を捨て、自分の役目をまっとうするよう家臣に求めたが、集団の利益を優先するその方針は、家臣に対する論功行賞においても貫かれた。

図22の古文書（「有馬の陣戦功の者書付」十月十三日付、「松井家文書」

二四二―二七）は、松井家臣の評価付で、原城攻めで戦功のあった家臣を「上々」「上」「中の上」「中」の四段階で評価し、その理由を記載したものである。これによると、鉄砲隊の指揮振りが良かった指揮官が高評価を与えられ、指揮振りが悪かった指揮官については、槍で敵を討ち取る戦功があったとしても、低い評価が与えられている。

たとえば、鉄砲添頭役（そえがしらやく）の生地武右衛門は、鉄砲隊をよく指揮した上に、何度も敵と槍を合せたことにより、「上々」の評価を受けている。いっぽう鉄砲頭の下津半介と松井（井上）新太郎は、敵を槍で討ち取る働きをしたが、鉄砲隊の指揮振りに問題があったと判断され、「中」の評価にとどまっている。

このように、評価に際し興長が重視したのは、組織での役割をまっとうしたかどうかであった。興長は、細川家全体の軍功に貢献した者を高く評価したのであり、この論功行賞のあり方には、御家の利益を第一義とする興長の価値観を見て取ることができるのである。

八代城主としての松井興長

八代隠居領問題

存続を許された八代城

八代城（熊本県八代市）は肥後国南部に位置する熊本藩の支城である。正保三年（一六四六）五月、松井興長は藩主細川光尚からこの城を預けられ、家老にして城持ちという地位を得ることになる。戦国時代において、家老が城を持つのは当たり前のことであったが、江戸時代においては稀有なことであった。なぜならば、元和元年（一六一五）に一国一城令が出されたことで、支城の多くが廃城となったからである。

一国一城令は、藩主の居城以外の城、すなわち支城の取り壊しを命じたもので、大名家の家臣が城を持つことを否定する意味をもった。それまで大名家の一門・重臣は、自分の城に住み、城廻りに配分された自分の領地を直接支配していたが、城を奪われたことで彼

図23　八代城（松江城）の石垣と内堀

らは、所領を離れ、藩主が居城を構える城下に定住することになった。一国一城令は、一門・重臣を所領から引き離し、領主としての自立性を奪う効果をもっていたのである。

ただし、すべての支城が破却されたわけではなく、例外的に存続が認められた城がいくつか存在した。その一つが八代城である。一国・城令が出された当時、八代城は球磨川（くまがわ）河口の麦島（むぎしま）にあって、熊本藩主加藤（かとう）忠広（ただひろ）の家老加藤正方（まさかた）が居城していた。幕府が正方を執政の中心に据えるべく、八代城主に任命したことは先に述べた通りであり、八代を一国一城令の例外としたのも、正方に権力を与えるためだったといえよう。

元和五年（一六一九）、麦島にあった八

代城は、八代地方を震源とする地震に襲われ損壊する。これを受け正方は、従来の八代城を放棄し、対岸の松江に新たな八代城を築いた。正方が築いたこの城は、地上四階・地下一階の天守を持ち、周囲に二重の堀をめぐらせた本格的な近世城であった。のちに八代城主となった細川忠興は、忠利に宛てた書状の中で、「城の普請作事以下、右馬允身上には事のほか過たる躰に候（加藤正方には分不相応な城である）」（〔寛永九年〕十二月二十三日付、細川七―一七九六）と述べており、支城としては立派すぎるほどの城であったことがわかる。現在、八代城は、石垣と内堀を残すのみとなっているが、本丸四方にめぐらされた堅牢な石垣は、正方の権力の強大さを今に伝えている。

また、現存する正方統治時代の「八代町絵図」（熊本県立図書館所蔵、前掲『八代城主・加藤正方の遺産』No.17）を見てみると、城郭の周囲に商人・職人の居住する八代城下町が形成されていたことがわかる。細川藩政下、八代城下町は、球磨川・八代海といった水上交通の便を生かして経済的に繁栄し、歴代八代城主たちは球磨川を利用する商人たちから通行税をとることで収入を得た。加藤時代の城下町支配の詳細は不明であるが、加藤時代においても八代城下町は多くの富を生み出し、正方はそこから収入を得ていたものと考えられる。正方が八代城時代に莫大な財産を築くことができたのは、富の集積地である八代城下を直接支配することができたからだといえよう。つまり、八代城主になることは、富の源泉を手に入れることを意味したのである。

八代の独立を志向する忠興

さて、寛永九年（一六三二）に加藤家が改易され、代わって細川忠利が熊本藩主となると、八代城は忠利の父忠興の隠居城になる。八代城主となった忠興には、豊前時代と同じく三万七千石の隠居領が与えられたが、八代の忠興は、役人の任用や運上（うんじょう）の賦課など熊本本藩のルールを受け入れず、独自の隠居領支配を行い、忠利ならびに興長ら家老衆とたびたび対立した。なかでも、忠利を悩ませたのが、八代独立化（支藩化）の動きであった。

忠興は四男立孝（たつたか）・五男興孝（おきたか）を伴い八代に入城しており、立孝には三万石、興孝には二万五千石の知行地（ちぎょうち）が与えられていた。忠興は立孝・興孝分を含めた「八代分領」を独立化し、支藩的状態で八代隠居家を立孝に譲ることをめざしていたという（吉村豊雄『近世大名家の権力と領主経済』第一部第三章）。島原・天草一揆平定戦に際し忠興は、忠利の反対を押し切って、立孝を強引に出陣させているが、それは立孝の存在を将軍家にアピールする意味があったものと考えられる。

さらに寛永十六年（一六三九）、忠興は、隠居家督を立孝に譲り、立孝に将軍御目見（おめみえ）を果たさせるべく、自ら江戸にのぼり幕府老中と接触する。これは八代独立化に向けた働きかけであり、忠利に事前の相談なく行われたものだった。忠興の行動は忠利を大いに困惑させたに違いないが、老中が忠興の要望に難色を示したため、忠利は間に入らざるをえなかった。

忠利は、家光側近の堀田正盛と談合を重ね、次のような形で立孝に隠居領を相続させることで話をまとめた。すなわち、忠興の死後、隠居領三万七千石のうち三万石を立孝に相続させ、立孝の本知三万石と合せて六万石の知行とすること、それが忠利の見出した合意点であった。この隠居領相続の約束が、八代支藩化の了承を含み込むものであったかどうかは定かでないが、忠興はこの結果に大いに満足したという。

一方、忠利にとってこれは苦渋の決断であった。忠利はこの結果を息子光尚に書状（六月十一日付、細川十五―一四四二）で知らせている。その書状には「もしこの件が不調に終わっていたならば、忠興は立孝を連れ京都へ引き籠っただろうから、そうなるよりましである」と記されており、忠興・立孝の離反という事態を食い止めるため、忠利が仕方なく隠居領の相続を了承したことがわかる。

八代衆を警戒する光尚

こうして、八代隠居領問題は一応の決着をみた。もし、忠利と立孝が忠興より長生きしていたならば、この約束は守られ、八代は支藩化していたことであろう。ところが、寛永十八年（一六四一）三月に忠利が、正保二年（一六四五）閏五月に立孝が忠興に先立ち亡くなってしまったことで、隠居領問題は白紙に帰すことになった。

立孝には側室とのあいだに宮松（行孝）という九歳になる息子がおり、忠興はこの宮松に立孝の遺領と自分の隠居領を相続させることを望んでいたようであるが、立孝が亡くなってほどなく、今度は忠興自身が病に臥してしまう。このとき忠興の年齢は八十三歳。この病が忠興の命取りになる可能性は十分に考えられた。

忠興がいつ亡くなってもおかしくない状況の中、藩主光尚（忠利の息子、寛永十八年家督相続）が危惧したのは、八代衆と呼ばれる忠興付家臣九十四名の動向であった。彼らは忠興と強い主従関係で結ばれており、忠興の死後、彼らが光尚の意志に従わず何らかのアクションを起こすことが懸念された。

とりわけその動向が懸念されたのが八代衆筆頭の長岡河内守（村上景則）である。河内守の父村上八郎左衛門（景広）は、小早川・毛利家に仕えた村上水軍の一族で、関ヶ原合戦後、忠興に召し抱えられ重用された。その跡を継いだ河内守は、父と同じく忠興の寵愛を受け、八代に一万石もの知行地を与えられていた。

忠興が臥してほどなく、細川家中には、次のような噂が流れた。すなわち、「忠興の遺言により、八代隠居領の一部である細川興孝知行分が河内守に与えられるはずだ」（松井十三―二三四五）との噂である。この噂は江戸の光尚の耳にも入り、これを重く受け止めた光尚は、松井興長・寄之（よりゆき）父子に次のような書状（十月十一日付、松井十三―二三三四）を送っている。

一、忠興様にもしものことがあったなら、沼田延之（ぬまたのぶゆき）を八代に派遣し、道家帯刀（どうけたてわき）、もしくは鉄砲を撃つことができる者を二名ほど添え、八代中を監視させなさい。

一、八代の様子を詳しく聞きたい。河内守はどのような裁判をしているのだろうか。にがにがしいことである。長兵衛（八代衆の一人）は実直な人物だと聞いているので、長兵衛から様子を聞き出すことはできないものか。誰かをこちら側に取り込むよう、あなた方で談合しなさい。

一、八代の者どもが自分たちのいいように忠興の遺書をこしらえているようで心配だ。もしそのようなことがあれば、聞き出したい。

光尚は、河内守が自分の都合のいいように忠興の遺書を作成しているのではないかと疑っていた。このため、八代衆の中にスパイを仕立て情報を聞き出すよう指示するとともに、家老の沼田延之を八代に派遣し、八代衆を監視させるよう命じている。これほどまでに光尚は、八代衆の動向を警戒していたのである。

八代隠居領の解体と興長の八代入城

正保二年（一六四五）十二月二日忠興が没すると、光尚が懸念した通り、長岡河内守は行動を起こした。忠興の遺書を光尚のもとに送り付け、その実現を迫ったのである。遺書の実物は残されておらず詳細は不明であるが、宮松に八代隠居領を相続させる旨が記されていたものと考えられる。忠興の遺書を受け取った光尚は、河内守の「作り事」としながらも、自分がそれに異を唱えれば、争論になってしまい世間体が悪いので、真の遺書として処理するものとし、幕府老中にその遺書を提出している（松井七—一三八二）。

しかし、幕府の下した裁定は、宮松には立孝の遺領三万石のみを相続させ、宇土（熊本県宇土市）に所替するというものであった。つまり、八代隠居領の相続は認められなかったのである。なぜ、幕府は忠興の遺志を退けたのか。

光尚は当初から宮松を八代に置くことに反対であり、忠興が亡くなる数ヵ月前からその意向を幕府老中に伝え、内諾を得ていた。光尚が松井興長・寄之父子に宛てた十二月二十一日付書状（松井十三—一三三五）には、「河内守から忠興の遺書が届いたが、このことについては、当夏より酒井忠勝殿と堀田正盛殿に自分の所存をとくと申し込み、直談しているので、今さら変わることはない」と記されており、忠興が亡くなる前から幕府老中と直談判して、隠居領解体の内諾を得ていたことがわかる。つまり、忠興の遺書が提出されたときにはすでに、八代隠居領の解体は決定していたのである。

また、宮松の宇土配置を決めたのも光尚であった。正保三年（一六四六）五月、光尚は幕府老中に対し、宮松に三万石を内分し、宇土に置きたいとの意向を伝えている。宇土は熊本城から南に十二キロほど行ったところにある町で、かつては小西行長(こにしゆきなが)の居城があった場所である。光尚は宇土を配置先に選んだ理由として、熊本から三里のところにあること、船着が良いこと、町があることをあげており、宮松に対しそれなりの配慮をしたことが窺われる（『綿考輯録(めんこうしゅうろく)』巻六十二）。

宮松の宇土配置を要望すると同時に光尚は、八代城を松井興長に預けたい旨を幕府老中に伝えている。『松井家先祖由来附』（六巻）によると、光尚は、八代が異国と薩摩に通じる要衝であること、興長が永久の家筋であること、徳川将軍家からも知行地を賜っていることを理由に、興長の八代配置を幕府に願い出たという。要地八代を治められるのは興長において他なく、興長ならば幕府も納得するだろうというのが光尚の本意だったと考えられる。

正保三年五月下旬、光尚の願いは聞き届けられ、宮松の宇土配置と興長の八代配置が内定する。これにより、八代隠居領は解体され、八代城は興長の居城となった。

細川家を去る長岡河内守

ところで、隠居領の解体が決まると、忠興の重臣長岡河内守は、熊本藩への仕官を許されず、自ら肥後を去っている。その際、河内守は、「御暇伺い」（〔正保三年〕七月二十日付、叢書近世一七八号）を藩に提出しているが、それには次のように記されていた。

一、私が忠利様に奉公しなかった事実は、公儀の御奉行衆もご存じであり、今さら私を熊本に召し出し奉公させることはできないとの光尚様の御諚はもっともです。

一、忠利様に奉公しなかった理由は色々ありますが、長くなるので、あらましだけ申し上げます。忠興様は私に懇ろにしてくださったので、小倉から中津へ隠居されるとき、せめてもの御奉公に隠居の御供をしました。忠興様が生きておられるあいだは奉公したいと思ったのです。忠興様の所帯が小さくなり、たとえ草履取一人しか置けない状況になったとしても、私がその草履取をする覚悟でお供しましたので、忠利様のもとには参上しませんでした。

一、合力米を与えるので肥後国内のいずこかに居住して宮松殿を見舞うようにとの御諚、かたじけなく存じます。御諚の通りにするべきなのですが、奉公もせずに御恩をいただくのはいかがなものかと思います。よって、御暇を下されますならばかたじけなく存じます。

一条目と三条目の記述が示すように、仕官は許さないが、合力米を与え生活は保障するというのが光尚の処断だった。これに対し河内守は、合力米の受け取りを拒否し自ら肥後を退去したわけであるが、そこには、彼なりの道義心があった。

二条目に注目してみよう。忠興から受けた厚恩に報いるため、代替わりしても忠利に奉公せず、忠興に仕え続けたことが記されている。この文面に示されるように、河内守にとって忠義とは、自分を引き立ててくれた主君個人に仕えることであり、御家に仕えることではなかった。

このような主君との人的関係に規定された奉公観は、主君の利益と御家の利益が相反したとき、主君の利益を優先しようとするため、ときとして御家に害をなす場合がある。御家の利益を第一とする興長にとって、そのような奉公観をもつ河内守は、排除すべき相手だったといえよう。

八代城主権力の制御

制御されるべき八代城主の権力

興長（おきなが）が八代に入城すると、それまで肥後北部にあった松井家の知行（ちぎょう）地（ち）三万石の過半は八代郡内に移され、八代城下は松井家の直接支配下に置かれることになった。また、八代平野を流れる球磨川（くまがわ）の管理も松井家に委ねられ、球磨川を通る荷船への徴税権は松井家が握ることになった。すなわち、八代城を預かったことで興長は、八代地域に強い領主支配権をもつことになったのである。加藤正方（かとうまさかた）・細川忠興（ほそかわただおき）の事例からわかるように、強い領主支配権を有する八代城主の存在は、藩主への権力集中を妨げ家中の分裂を呼び起こす要因となるものであった。それは興長とて同じで、興長に与えられた領主支配権は使い方を間違えれば、家中の統一を瓦解させかねない危険性を含むものであった。八代城主の権力暴走をいかに制御するかという問題は、依然として細川家の課題であり続けたのである。

家老衆・奉行衆による制御

このことは八代城を預かった興長本人がもっともよく自覚していたことであり、興長は家老衆と奉行衆をもって、自らの権力を制御しようとした。それは、八代御城附衆に対する興長の権限行使のあり方によく示されている。

八代御城附衆とは、八代の守備と行政を補完するため熊本から派遣された本藩家臣である。興長の八代入城が決まると、熊本藩は、松井家臣だけでは八代城の守りが不足するということで、本藩から六十八名の家臣を派遣した。つまり、八代の守備と行政は、松井家臣と本藩家臣によって行われることになったのである。

八代御城附衆は藩主光尚と主従関係を結ぶ本藩家臣であり、その意味で興長とは同列の関係にあった。このため、八代御城附衆が興長の指示に従わないという事態が起こる可能性があった。これを危惧した興長は、八代御城附衆に対する自己の権限を定めた書付（松井十―一八八八）を作成し、光尚の承認を得ている。その内容は次の通りである。

一、八代御城附衆が八代で問題を起こしたときは、重大なことは光尚様の御諚を得、軽い案件は同役の家老衆ならびに奉行衆に申し達したうえで沙汰する。急を要する案件については、私（興長）の一存で申し付ける。

一、八代御城附衆と自分の家臣（松井家臣）は同じように召し使い、もめごとなどが起きたときは同罪に処す。

八代御城附衆と松井家臣を同様に扱うことを記した二条目に示されるように、この書付は、八代御城附衆に対する興長の権限を藩主に認めさせるために作成されたものである。ただし、一条目を読むとわかるように、興長の権力行使には、家老衆・奉行衆の合意という制御装置がつけられていた。この条文によると、八代御城附衆に関する案件は、緊急の場合を除き、藩主ないし家老衆・奉行衆の合意を得てなされなければならなかった。すなわち、興長の独断で八代御城附衆の処遇を決めてはならないというのが、興長自らが定めたルールだったのだ。

興長と同役にある家老衆が八代城主権力を制御する立場にあったことは、次の史料（八代御城附衆六十八名連署起請文（れんしょきしょうもん）、「細川家資料総目録」神辰十九・十・七、図24）からも窺うことができる。

天罰起請文前書之事

一、光尚様・御六様（おろくさま）（光尚の息子綱利（つなとし））に対し奉り表裏別心（ひょうりべっしん）仕るまじく候事、

一、誰々に寄らず、別心表裏の族これあるにおいては、承り次第、即刻言上致すべく候事、

一、八代御城付として召し置かる上は、佐渡守（松井興長）申し付け候儀、相守り申すべく候、ただし、非分の事これあり候においては、各まで御断り申し上ぐべく候事、

　右の趣相背き申すにおいては、

（罰文省略）

正保三年十月廿八日　　浅山太兵衛（花押・血判）

　　浅山勘三郎（花押・血判）

　（以下六十六名）

長岡監物（米田是季）殿

長岡式部少輔（松井寄之）殿

米田与七郎（是長）殿

長岡勘解由（沼田延之）殿

沢村宇右衛門（友好）殿

これは、八代御城附衆六十八名が、興長をのぞく熊本藩の家老衆に宛てた起請文で、全員の花押と血判が据えられている。内容を見てみよう。

一条目では細川光尚・綱利父子に表裏別心なく仕えること、二条目では別心表裏を抱く

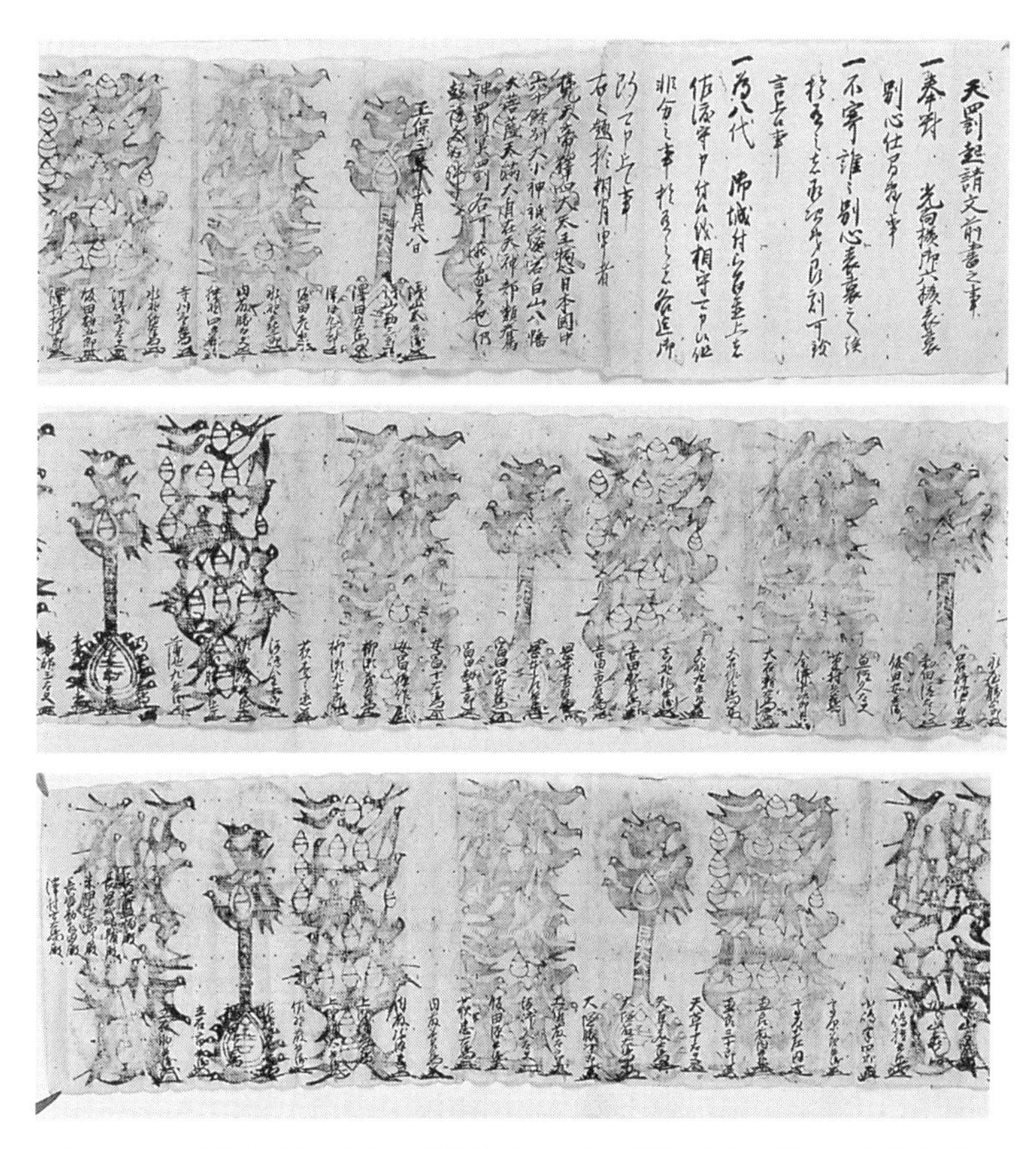

図24　八代御城附衆68名連署起請文（永青文庫蔵，熊本大学附属図書館寄託）

者がいたらすぐに報告することが記される。注目すべきは三条目の記述。「八代御城附に任じられたうえは、興長の申し付けを守るが、興長が非分のことをした場合、興長以外の家老衆に報告する」と記されている。この条文が示すように、興長の不正は、家老衆に報告されることになっていた。すなわち、興長の行為は、家老衆の監督下に置かれていたのであり、このことからも、家老衆が八代城主権力を制御する役割を担っていたことを窺うことができるのである。

悪事をはたらく八代御城附衆への対応

実際に興長は、家老衆・奉行衆の合意という制御装置を用いながら、八代城主権力を行使した。その事例として、承応三年（一六五四）に問題化した八代御城附衆不行跡（ふぎょうせき）事件を紹介しよう。

興長が八代に入城して数年が経過すると、八代御城附衆の中で職務怠慢や不行儀・不作法が横行するようになる。とりわけ乃生平兵衛と森部三大夫の素行はひどく、興長が作成した覚書によると、二人は次のような問題行動を起こしている。

①乃生平兵衛行状の覚書（松井十二―一二〇九）

一、知行所へ参ると嘘をつき、宮地（みやじ）（八代市宮地町）に出かけ猪狩（ししがり）をした。その際、忠興様以来鉄砲が禁じられている場所で鉄砲を撃った。

一、城附衆と松井家臣の喧嘩は両成敗に処すという定書（さだめがき）に判形（はんぎょう）（同意）せず、同志を募った。

一、用水普請を命じたところ、不精をしたうえに、穿鑿があったときは自分の名前を出すよう周囲に言った。

一、用水普請で鏡（八代市鏡町）に派遣されたとき、人妻や娘のいる家に何ヵ所も宿をとった。

一、八代郡の中で知らない嫁や子どもはいないほど、方々に出かけている。

一、八代の城番は城附衆と松井家臣とでつとめることになっているが、平兵衛の当番のときは夜回りもせず自堕落に過ごすので、ほかの城附衆は相番を嫌がっている。

②森部三大大夫行状の覚書（松井十二―一二二〇）

一、酔狂を仕り、他の城附衆から敬遠されている。

一、召し使っている小者の親を呼び寄せ、理不尽な言い掛かりをつけ打擲しようとした。相手が棒をふるって抵抗すると、屋敷中を追廻し、ようやく九ヵ所目で斬り留めた。ことのほか始末が悪い。

一、城廻りの堀での漁は禁じられているのに、夜に忍び込んで投げ網を打った。

禁猟区での猪狩、定書反対の徒党、職務怠慢、領民への迷惑行為、酔狂、奉公人の殺害、禁漁区での投網など、乃生と森部の素行はひどいものである。即座に彼らを処分したいというのが興長の本音であったろう。しかし興長は、ルールに従い、家老衆の合意を得る手続きをとっている。

乃生・森部の処分を望む興長は、二人の悪事を書き連ねた覚書を持参して熊本に赴いた。そして、家老衆が一同に会する中で二人の悪事を告発。家老衆が処分に賛同したので、二人の扶持を放し、国外追放にしたという。

処罰に公正性をもたせる

ところで、この問題が起きる五年前の慶安二年（一六四九）、藩主光尚は三十一歳の若さで他界している。跡を継いだのは八歳の綱利（つなとし）で、幼少であるため、細川藩政はしばらくのあいだ、豊前小倉（ぶぜんこくら）藩主の小笠原忠真（おがさわらただざね）の監督下に置かれることになった。興長はこの忠真に対しても、御城附衆の処分を報告している。次に示すのは、興長が小笠原家の家老衆（小笠原杢助・伊藤作右衛門・宮本伊織）に宛てた書状（承応四年〈一六五五〉正月二十日付、松井十一―二一五八）の内容である。

八代城附の者のうち、乃生平兵衛・森部三大夫と申す者が不行儀・不届きのことをしたので、このたび扶持を放し、国払いにしました。八代城附の者については、不届きなことがあった場合、格別のことを除いては、私の心のままに処分するよう、光尚様から申し付けられており、年寄（家老）どもに相談する必要はなかったのですが、綱利様は幼少であるので、年寄どもに申し聞かせるべきだと思い、熊本へ参り、彼者の

　不届きの様子を委しく申し聞かせて国払いにしました。そちらに情報が伝わり、どのような者を国払いにしたのかと思われるかもしれませんので、ついでの折にでも右近大夫（小笠原忠真）様にお知らせください。乃生平兵衛は二百七十石、森部三大夫は二百石取の者です。成敗を申し付けるほどの科人（とがにん）ですが、私もいい年なので、命は助け、国払いにしました。

興長の言葉に従うならば、乃生・森部の処分は、興長の独断で処理してもよい案件であった。にもかかわらず家老衆の合意を得るという手続きをとったのは、処分に公正性をもたせるためだったといえよう。

乃生・森部は日頃から興長に反抗的な態度をとっており、興長が独断で彼らを処分してしまえば、抵抗勢力に対する私的制裁と本藩から受け取られかねない。それを回避するために興長は、家老衆の合意を得るというルールをあえて利用し、処分に公正性をもたせたのだと考えられる。

かつて忠興は、仲が悪いという私的な理由で、忠利が任命した郡奉行（こおりぶぎょう）を罷免し、本藩の反感を買ったことがあった。忠興と同じ轍（てつ）を踏まないためにも、興長は家老衆の合意をとりつける必要があったのだろう。

公儀奉公としての八代城守衛

八代は薩摩の押さえ

戦国時代末期の天正十年（一五八二）から十五年にかけての五年間、八代は薩摩島津氏の占領下にあった。もともと八代は、球磨を本拠とする相良（さがら）氏の所領であったが、八代の相良家臣団が分裂すると、島津氏はその混乱に乗じて八代に軍勢を入れ、これを占拠している。

当時、島津氏は九州の覇権をめぐり、豊後の大友氏、肥前の龍造寺（りゅうぞうじ）氏と三巴（みつどもえ）の戦いを繰り広げていた。八代を占拠した島津氏は、八代を直接支配下に置き、九州制圧の軍事拠点とした。

島津氏が八代に九州制圧の軍事拠点を置いたのは、次のような理由からだと考えられる。①八代が物資の集まる豊かな地域であること、②八代―薩摩間の交通の便がよいこと、③

八代が島原半島に通じる良好な港を有していること、④八代から熊本に至る陸路が比較的平坦で、派兵の便が良いこと。

つまり、北上をめざす島津氏にとって、八代は軍事拠点を置くに最適の場所であったわけであるが、このことは同時に、中央政権が島津氏の北上を防ぐには、八代を島津氏に渡さないことが肝心だったことを意味する。中央政権の側から見るならば、八代は薩摩の押さえとなるべき場所だったのだ。

このような八代の存在意義は、徳川政権下においても変わることはなかった。先に述べたように、細川光尚（みつなお）は、八代が薩摩に通じる要衝であることを理由に、松井興長（おきなが）の八代配置を幕府に願い出た。光尚が薩摩の押さえを説得材料として持ち出したのは、幕府側にも同様の認識があったからだといえよう。

幕府が八代を薩摩の押さえに位置づけていたことは、豊前小倉（こくら）藩主の小笠原忠真（おがさわらただざね）の言葉からも窺うことができる。慶安二年（一六四九）に光尚が没し、幼少の綱利（つなとし）が熊本藩主になると、幕府は忠真に命じて熊本藩を監督させた。これを受け忠真は、次のような書状（〔慶安二年〕十二月二十八日付、松井十一―二二八九）を興長に送っている。

あなたは薩摩境の城を預かっているのだから、薩摩に異変があれば、自分で書付を作成し、私に報告しなさい。これは御公儀（ごこうぎ）への奉公なので、年をとり苦労だと思うが、心がけるように。

忠真は、八代城を薩摩境の城に位置づけ、薩摩の監視を興長に命じている。幕府にとって八代城は、薩摩島津氏の北上に備える城だったのだ。

軍役の遵守を求める

このように興長が預かる八代城は、薩摩の押さえとしての役目を負っていた。ゆえに忠真は薩摩の監視を興長に命じたわけであるが、興長に課せられたのは、単に薩摩を見張るという役目だけではなかった。松井家が作成した「八代城警衛についての覚書」（松井二十一―三三四〇）によると、薩摩表で事変が起こった際は、興長が八代の人数（松井家臣と八代御城附衆）を引き連れ、肥薩国境の芦北まで出軍する手はずになっていた。八代城を預かる興長には、薩摩の進軍を防ぐ第一陣となることが求められたのである。

薩摩は強国であり、薩摩に対抗するには相応の兵力と軍備が必要であった。このため興長は、八代城内の火器類（火縄銃や大砲など）を強化するとともに、家臣に対し厳しい軍役を課している。

主君から領地の給付を受ける武士は、領地高に応じた数の武器・武具、馬、奉公人を所持し、戦時においてはそれをもって出陣する義務を負っていた。これを軍役といって、主従制の根幹をなすものであった。

しかし、武器・武具の所持と奉公人の雇用は、金銭的な負担が大きく、守られないことも多かった。松井家でも、承応二年（一六五三）から三年にかけて、家臣が軍役を守らず馬を手離したり、奉公人を解雇したりする事態が起きている。

この時期、松井家中で奉公人の解雇が相次いだのは、台風被害で年貢収入が減少したためである。承応二年八月に肥後領国を襲った台風は、農作物に多大な損害を及ぼし、家臣

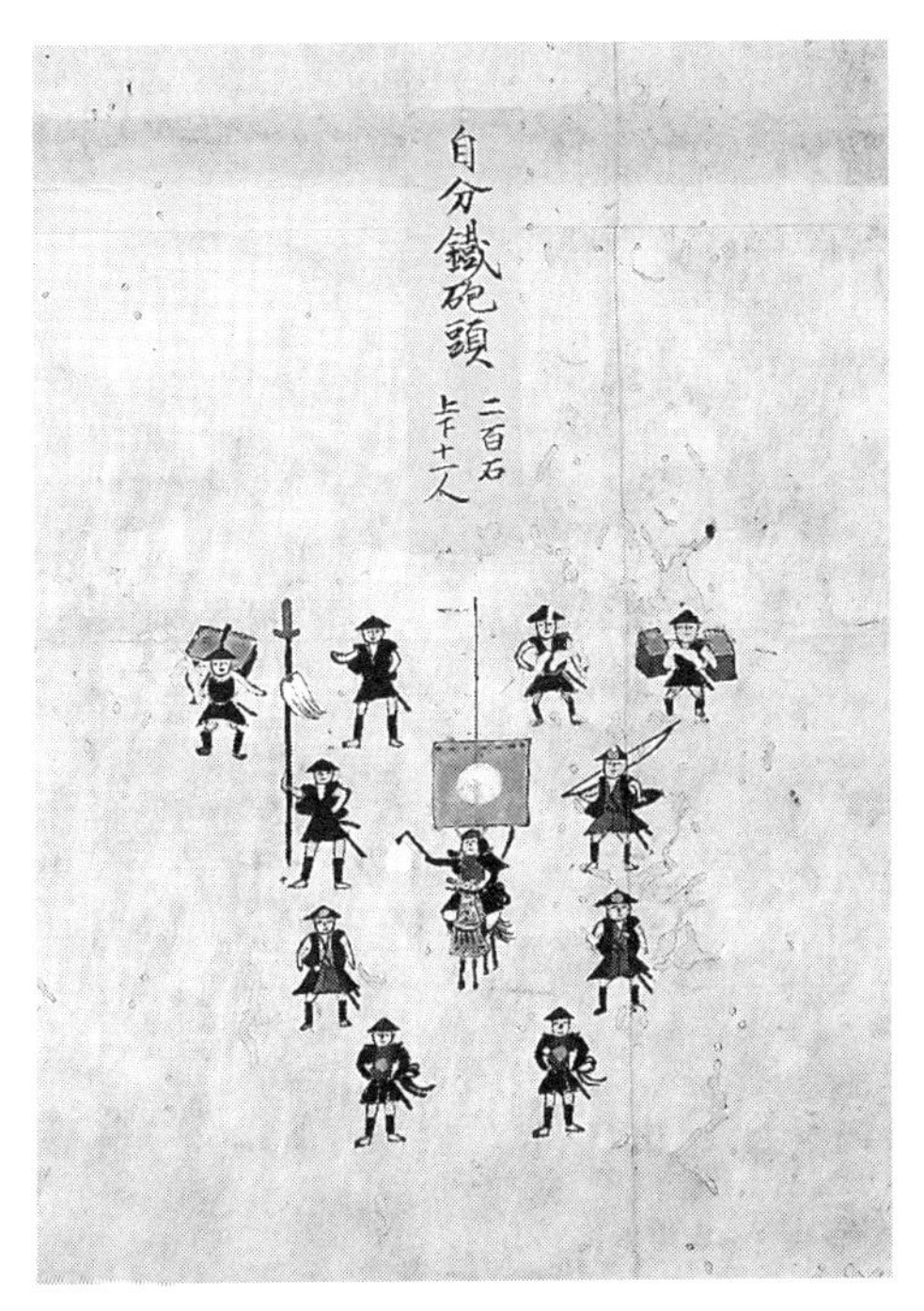

図25　松井家200石取家臣の軍役（松井文庫蔵「陣備図」より）

槍持ち・弓持ち・挟箱持ちなど10人の奉公人を召し抱えることが義務づけられていた.

の年貢収入は激減した。生活苦におちいった家臣たちは、馬を売却したり、奉公人を解雇したりすることで急場をしのごうとしたのである。

これに対し興長は、松井家番頭（ばんがしら）（松井采女・松井覚左衛門・松井七郎右衛門）宛に達書（たつしがき）（承応三年正月十一日付、「松井家文書」三五七―一）を発し、軍役の遵守（じゅんしゅ）を求めている。

①一、物頭（ものがしら）（鉄砲隊の指揮官）が馬を持たないのは沙汰の限りである。八代は境目（さかいめ）なので、年寄や病人であっても心がけなければならないのに、物頭が馬を持たないとは、預けた鉄砲が役に立たないではないか。どのような心得でこれを放置しているのか、理由を聞いてみたいものだ。

②一、境目を守る者は、一頭でも多く馬を持ち有事に備えなければならない。馬を持つ者を知行取（ちぎょうとり）と申すのが天下の作法である。

③一、知行取はその身分に応じて、小姓（こしょう）、中間（ちゅうげん）、小者（こもの）などの奉公人を召し抱えなければならないのに、槍（やり）持ちの一人も召し抱えず、人足のようなる者を召し置き、草履（ぞうり）取（とり）も丁稚（でっち）で間に合わせていると聞き及んだ。そのような心得で知行役の奉公をしようというのか。

④一、去年の風損で、熊本衆は奉公人を召し放しているとのことだが、八代は境目なので熊本衆と同じようにしていいものかと思い小笠原忠真様に相談した。忠真様は

少々の召し放しは致し方ないと仰せ下されたが、八代は境目なので、私は奉公人を解雇しなかった。熊本に居るならば人並に申し付けるが、八代を守っているので下々の者も私と同じように心がけなさい。

奉公人の召し放しについて興長は、小笠原忠真に相談し、「少々の召し放しは致し方ない」との回答を得ていた（④）。にもかかわらず興長は、馬を持たない家臣、相応の奉公人を召し抱えない家臣を、「もはや武士ではない！」と非難し、それを放置する番頭を強い口調で叱責したのである（①〜③）。

公儀奉公と御家の存続

このように興長は、薩摩の押さえとなるべく家臣に厳しい軍役を課したわけであるが、興長がかくも厳格に役目を果たそうとしたのは、それが公儀奉公、つまり徳川幕府への奉公であり、細川家の存続と不可分のものと考えていたからである。

先に取り上げた小笠原忠真書状を読むとわかるように、薩摩の押さえは公儀奉公と位置づけられていた。そして興長は、公儀奉公を果たしてこそ、細川家は大名家として存続しうると考えていた。

次に示すのは、細川光尚の藩主就任に際し、興長ら家老衆が提出した起請文（寛永十八年〔一六四一〕七月十八日付、叢書近世二〇九号）である。

①一、忠利様より光貞（光尚）様に至り、御代々御厚恩を蒙らせられ候あいだ、何もまで公儀御奉公の儀、聊か疎か存じ奉るまじき事、

②一、光貞様公儀に対せられ御無沙汰の儀、若し御座候とも、達て御異見申し上げ、自然御同心成らせざるにおいては、御逆意の御一味一切仕るまじき事、

③一、公儀より仰せ出され候御法度堅く相守り申すべく候、勿論、徒党の儀、一切仕るまじき事、

①忠利様・光尚様が（公儀より）受けた厚恩、すなわち肥後一国を与えられた御恩に報いるため、自分たち家老は公儀に疎略なく奉公すること、②光尚様が公儀に対し無沙汰の振る舞いをしたときは、異見を申し上げ、同心ない場合は光尚様の逆意に加担しないこと、③公儀から仰せ出された法度を堅く守ることが誓約されている。

すべての条文が公儀（徳川幕府）への忠誠を誓う内容となっており、公儀が究極的な奉公の対象として位置づけられていたことがわかる。また、「肥後一国を与えられた御恩に報いるため公儀に奉公する」と誓う一条目の記述からは、公儀への奉公と細川家の存続を不可分のものとする家老衆の奉公観を窺うことができる。すなわち、肥後国主としての細川家の地位は、公儀への奉公を果たすことで担保されうるものだというのが興長ら家老衆の考えであった。

興長が薩摩の押さえという役目を過剰なまでに重く受け止めたのは、それが公儀奉公として強く求められたものであり、肥後国主としての細川家の存在意義に関わる問題だと考えたからだろう。また、そのような奉公観を家老衆に持たせえたところに、徳川幕府がすべての武士階級を統合しえた理由の一端を見出すことができよう。

家老による藩主守り立て

幼少相続と家老

大名家ではしばしば、藩主が幼少の跡継ぎを残したまま亡くなることがあった。幼少であっても家督相続を認めるというのが徳川幕府の基本方針であり、幼少相続は改易に直結する問題ではなかったが、幼少相続にあたっては、幕府からいくつかの条件が提示される場合があった。その一つが家老による幼君守り立てである。

幼君守り立てを拒否する家老

先に述べたように、熊本藩主加藤家の代替わりに際し幕府は、家老衆が一致団結して忠広（ただひろ）を守り立てるよう命じていた。家老衆の支えがあれば、藩主が幼少であっても領国を統治できるというのが、幕府の考えであったのだ。しかし、加藤家で御家騒動（おいえそうどう）が起こったように、家老による幼君守り立ては必ずしもうまくいくわけではなかった。

また、大名家によっては、家老が幼君への奉公そのものを拒否し、そのことが改易に帰結する場合さえあった。最上家がそうである。最上家は出羽山形藩五十七万石を領する東国屈指の大名であったが、元和八年（一六二二）、最上家三代目義俊のとき、改易に処せられている。この最上家改易の経緯については、福田千鶴『御家騒動』（中公新書）に詳しい。この福田著書によりながら、最上家改易の概要を説明すると次のようになる。

元和三年（一六一七）、最上家二代目家親が三十六歳の若さで死去する。跡継ぎの義俊は十二歳であった。義俊の相続は認められたが、最上家では内紛が続き、元和八年には、最上家年寄（家老）の一人、松根備前守が他の年寄全員を相手どり幕府に訴訟を起こすという事件が起こる。これに対し幕府は、松根を最上家から排除するとともに、義俊を国替にすることで事態の収拾をはかろうとした。新たな領国で最上家中の統合をはかることが国替の目的であり、松根以外の残る年寄に対し幕府は、引き続き義俊に仕え、新領国で仕置きを行うよう命じた。ところが、年寄のうち、山野辺右衛門と鮭延越前の二人がこれを拒否したため、最上家は国替ではなく、改易に処せられることになった。

このように、家老が幼君守り立てを拒否したため、最上家は改易になったわけであるが、なぜ彼らはそのような態度をとったのか。細川忠利が最上家の改易を忠興に報告するため作成した八月十六日付・九月十一日付書状（細川九―一〇七・一一一）によると、山野辺と鮭延は、「義俊は自分たちを憎んでいるので、将軍の命令に従って新しい国に移ったとしても、再び諍いが起こるだけである。よって、最上を守り立てることはできない」と述べ、幕府の命令を拒否したという。

これについて福田千鶴氏は、「無器用な主人義俊のもとで主従関係を続けることは、彼ら武士としての意地が立たなかった」と論じている。この指摘に従うならば、最上家の家老たちは、主家の存続よりも、義俊に仕えたくないという個人的な思いを優先したことになる。つまり、主家の存続を第一義としない家老衆の価値観が、改易をもたらしたわけである。

この最上家の事例に示されるように、幼少相続が上手くいくか、いかないかの鍵を握っていたのは家老の存在であった。

光尚の早世と分知の危機

さて、細川家でも、藩主光尚が早世するという不幸に見舞われている。光尚は、興長を八代城主に抜擢した人物であり、八代隠居領を解体した手腕をみるに、聡明な人物だったと推察される。しかし、その能力を十分に発揮する間もなく、慶安二年（一六四九）三十一歳の若さで亡くなってしまう。光尚が亡くなったとき、嫡子六丸（のちの綱利）はわずか七歳であった。

幼少相続は改易に直結する問題ではなかったものの、播磨姫路四十二万石の池田氏が、九歳の光政への家督相続に際し、因幡鳥取三十二万石に減転された事例があるように、幼少相続が転封や分知・減知をもたらす可能性は十分に考えられた。ましてや光尚は亡くなる直前、肥後国の返上を幕府に願い出ていた。これは、肥後一国を預かる重大性を認識していることを示すための一種のパフォーマンスであったと考えられるが、このような表明を行わねばならなかったこと自体、幼少相続が認められて当然のものではなかったことを示唆しているといえよう。

細川家のこれまでの功績を考慮するならば、改易の可能性はもともと低かったといえる。しかし、分知の可能性はあった。現に細川家中では、幕府重臣（のち老中）の酒井忠清が、熊本藩を二分し、四十万石を六丸へ、十四万石を宇土支藩主の細川行孝に与え、行孝をして六丸の後見にしようとしているとの噂が流れていた（宇土市史編纂委員会編『新宇土市史通史編　第二巻』）。行孝（幼名宮松）はかつて忠興が八代隠居領を相続させようとしていた人物で、光尚によって八代を追われたのちは、宇土に領地を与えられ支藩主の座におさまっていた。

もし酒井忠清の案が通れば、本藩の領地は削減された上に実質的な権限は行孝に移ってしまう。それによって家中が動揺し騒動が起こるのは必然である。忠清の分知案は、細川家を存続の危機に陥れるものであり、興長としては何としてもこれを阻止する必要があった。

松井寄之の派遣

光尚が亡くなったのは慶安二年（一六四九）十二月二十六日のことで、興長がこれを知ったのは翌年正月九日のことである。光尚は江戸藩邸で死去したので、知らせが届くまで二週間ほどかかった。

光尚逝去の報に接した興長は、即日、家老会議を招集。その場で松井寄之（よりゆき）の江戸派遣を決定した。寄之は興長の息子（養子）で、部屋住ながらも家老職を拝命していた。興長自身の江戸行きが見送られたのは、大坂町奉行で細川家と懇意の関係にあった曽我古祐（そがひさすけ）が興長の江戸行きを止めたからである。古祐は「幕府の許可なく興長が境目の城（八代城）を離れるのはよくない」と述べ在国を勧めた。興長はこれを聞き入れ、寄之の派遣を決めたのである。

寄之に課せられた任務は、幕府大老の酒井忠勝（ただかつ）に会い、六丸への一括相続を認めてもらうことであった。これを受け寄之は、家老会議の翌日には江戸に向けて出発している。一日の猶予もならないほどに事態は切迫していたのである。また、江戸に赴くにあたり寄之は、興長・吉松（よしまつ）（寄之の息子）宛の遺書（正月九日付、「松井家文書」二八一）を作成している。この遺書には、遺品の配分など自分が死んだ後の処置について詳細に記されており、寄之が決死の覚悟で江戸に赴いたことがわかる。失敗したら生きてはおれないほどに、寄之に課せられた役割は重大だったのである。

二月七日に江戸に到着した寄之は、酒井忠勝との面談をとげた。この面談でどのようなやり取りがなされたのか詳しいことはわからないが、良い返事を引き出せたようである。面談を終えた寄之は細川家の重臣大木織部に、「懇ろの御意」を得たことを知らせる書状を送っており、面談が上手くいったことがわかる。

家老による公儀奉公の保証

酒井忠勝との交渉が行われる一方、分知の意向をもつ酒井忠清への交渉もなされた。忠清は将軍家光の重臣で、のちに老中、大老となる人物である。当時はまだ老中職には就いていなかったが、幕府の決定に力を及ぼすことのできる人物であった。この忠清を説得するため興長は、忠清と親交のある細川家臣梅原九兵衛を寄之に付き添わせた。

梅原九兵衛は、興長から密意を含められており、興長ら家老衆の意向を忠清に伝えることが彼の役割だった。『松井家先祖由来附』（八巻）によると、忠清と面談した梅原は次のように演説したという。

このたび国許の家老どもより公儀へ御礼申し上げたい趣がありまして、松井寄之を江戸に派遣しました。内々に家老どもがお願いしたい子細は次の通りです。六丸は幼少なので光尚の跡式については様子もあるように聞いております。何とぞお取り成しをもって、相替わらず仰せ付けくだされますよう願い奉ります。六丸は幼少なので、細川行孝に分知などなされるおつもりなのでしょうか。しかしながら、そのようなことになれば、田舎武士の習いで、国中で騒動が起こるかもしれません。そうなってしまえば、公儀への奉公が難しくなります。跡式を相違なく六丸に仰せ付けくだされますならば、家老どもがずいぶん守り立て奉公仕るようにいたします。

分知になれば公儀奉公は保証できないが、六丸への一括相続を認めてくれるなら、家老衆が責任をもって幼君を支え公儀奉公を果たしてみせるというのが、この演説の趣旨である。すなわち、興長ら家老衆は、六丸の相続を認めてもらう条件として、家老守り立てによる公儀奉公を約束したのである。

この演説は、幕府の方針を十分に理解したうえでなされたものと考えられる。加藤家や最上家の事例からわかるように、藩主が幼少の場合、家老の合議によって家中の秩序を安定させ、公儀奉公を可能ならしめるというのが、幕府の基本方針であった。いかに忠清が分知の意向を持っていたとしても、家老衆が公儀奉公を保証する限り、六丸の一括相続に異を唱えるわけにはいかなかったのだ。

なる。慶安三年（一六五〇）四月十八日、江戸に登城した松井寄之・沼田延之の両家老は、老中が列席する中、酒井忠勝から次のような上意を仰せ渡された（松井六―一〇〇九）。

このような対幕交渉が功を奏し、六丸の一括相続が認められることに

六丸の家督相続が認められる

肥後国は大国なので本来ならば所替を仰せ付けるところである。しかしながら、細川忠興は関ヶ原合戦で御当家（徳川家）に忠節を尽くし、その子忠利は奉公に意欲的で肥後一国を預けられた。光尚は若くして藩主となったが、奉公一筋の志をもち、死に際しては子どものことにかまわず、肥後国の返上を申し出た。その行いは神妙である。これにより、六丸に肥後国を相違なく仰せ付ける。家来の者どもはこれをありがたく思い、六丸が奉公できるよう随分と守り立てなさい。小笠原忠真は細川家と親戚（忠真の妹は忠利室）で、幸いにも隣国にいるので、仕置については忠真に相談しなさい。

冒頭示されるように、幼少六丸の相続は認められて当然のものではなく、むしろ特別の措置であるというのが幕府のスタンスであった。そして、特別に幼少相続を認める理由として、歴代当主たちの奉公の実績をあげるとともに、家臣に幼君守り立てを求めた。すなわち、家老をはじめとする家臣が六丸を守り立て、歴代当主と同様の公儀奉公を行うことが細川家存続の条件として提示されたのである。

諫言する興長

かくして六丸の家督相続は認められた。このときすでに興長（おきなが）は六十九歳。いつ引退してもおかしくない年齢であった。もし六丸が分別のある少年だったならば、ここで興長のつとめは終わっていたかもしれない。しかし、幸か不幸かそうはならなかった。六丸は問題行動の多い少年で、興長は最後の十年を六丸の更生に費やすことになるのである。

遊興にふける六丸

八歳で熊本藩主となった六丸は、成人するまでのあいだ江戸に居住するよう命じられていた。江戸で生母清高院（せいこういん）とお気に入りの近習（きんじゅ）に囲まれて育った六丸は、成長するにつれ遊興を好むようになる。昼も夜も酒宴を催し酔いつぶれる、大金をはたいて踊り子を召し抱え毎夜見物する、側近に派手な格好をさせて侍らせるなど、その行状はおよそ藩主にふさわしくないものであった。

この六丸の行状は、改易された前熊本藩主加藤忠広（かとうただひろ）の姿を想起させる。六丸と同様、幼少の内に藩主となった忠広は、藩政を顧みず江戸で酒浸りの生活を送り、その酒乱狂気ぶりは他家で噂になるほどであった。この忠広の不行状（ふぎょうじょう）が改易の原因となったことは先に述べた通りである。

図26　細川綱利像（永青文庫蔵）

そして、藩主不行状による改易は、加藤家のみに適応された特殊事例ではなかった。表2は、「廃絶録（はいぜつろく）」をもとに慶長八年（一六〇三）から延宝七年（一六七九）までに改易された大名とその理由を示したものである。一〇九件のうち、改易理由の多くをしめるのは無嗣断絶（むしだんぜつ）（四六件）であるが、それ以外の理由を見てみると、乱心、酒狂、不義、無作法、職務怠慢など藩主個人の不行状によるもの（二六件）が多々認められる。つまり、藩主の行状が悪く、これ以上、藩主を続けさせれば藩政が破綻すると判断された場合、大名家は改易に処されるこ

表2　改易された大名とその理由（慶長8年〜延宝7年）

NO.	大名の名前	城　　地	領地石高	改易された年	改 易 理 由
1	武田信吉	常陸水戸	150,000	慶長8	21歳で没．無嗣断絶
2	堀　鶴千代	越後蔵王	30,000	慶長11	幼少で没．無嗣断絶
3	松平忠吉	尾張清洲	520,000	慶長12	28歳で没．無嗣断絶
4	天野康景	駿河興国寺	10,000	慶長12	★領民殺害
5	稲葉通孝	豊後内	14,150	慶長12	無嗣断絶
6	津田信成	山城三牧	13,000	慶長12	★京都において狼藉
7	稲葉通重	美濃清水	12,000	慶長12	★京都において狼藉
8	筒井定次	伊賀上野	95,000	慶長13	家臣中坊秀祐が定次の不義を訴える
9	前田茂勝	丹波八上	50,000	慶長13	★狂気して家臣殺害．京都・近江にて乱行
10	中村忠一	伯耆米子	175,000	慶長14	21歳で没．無嗣断絶
11	木下勝俊	備中足守	25,000	慶長14	遺領相続をめぐる内紛
12	松平忠頼	遠江浜松	50,000	慶長14	喧嘩により殺害される
13	水野忠胤	三河内	10,000	慶長14	松平忠頼殺害の責を負い自害
14	皆川広照	信濃飯山	40,000	慶長14	★我意の振舞あり
15	小笠原吉次	常陸笠間	30,000	慶長14	★私曲あり
16	堀　忠俊	越後福島	300,000	慶長15	家中騒動
17	金森長光	美濃上有知	20,000	慶長16	6歳で没．無嗣断絶
18	平岩親吉	尾張犬山	123,000	慶長16	70歳で没．無嗣断絶
19	有馬晴信	肥前日野江	40,000	慶長17	長谷川藤広殺害未遂
20	松平忠清	三河吉田	30,000	慶長17	28歳で没．無嗣断絶
21	山口重政	常陸牛久	15,000	慶長18	公命に背く
22	大久保忠佐	駿河沼津	20,000	慶長18	77歳で没．無嗣断絶
23	里見義高	上野板鼻	10,000	慶長18	★勤務怠慢
24	石川康長	信濃松本	60,000	慶長18	大久保長安事件に連座

25	高橋元種	日向延岡	50,000	慶長18	富田信高と坂崎直盛の争いに連座
26	石川康勝	信濃内	15,000	慶長18	兄康長に連座
27	富田信高	伊予宇和島	120,000	慶長18	妹婿坂崎直盛との争い
28	大久保忠隣	相模小田原	65,000	慶長19	無断で山口重政と婚姻を結ぶ
29	佐野信吉	下野佐野	39,000	慶長19	富田信高に連座
30	里見忠義	安房館山	120,000	慶長19	大久保忠隣に連座．城郭の修補
31	豊臣秀頼	摂津大坂	657,400	元和元	大坂城において自害
32	古田重然		10,000	元和元	大坂方に一味
33	織田信重	丹波内	10,000	元和元	故ありて
34	福島正頼	大和松山	30,000	元和元	★掟に背き重々不義
35	松平忠輝	越後高田	600,000	元和２	★御家人の殺害
36	藤田重信	下野西方	15,000	元和２	59歳で没．無嗣断絶
37	大久保忠為	美濃大垣新田	10,000	元和２	63歳で没．無嗣断絶
38	坂崎直盛	石見津和野	40,000	元和３	千姫駕の強奪を計画．自害
39	伊奈忠勝	武蔵小室	13,000	元和４	８歳で没．無嗣断絶
40	村上義明	越後本庄	90,000	元和４	家中騒動
41	関　一政	伯耆黒坂	50,000	元和４	家中騒動
42	福島正則	安芸広島	498,220	元和５	無断で広島城を改修．城郭破却命令の不履行
43	田中忠政	筑後柳川	325,000	元和６	36歳で没．無嗣断絶
44	最上義俊	出羽山形	570,000	元和８	義俊若年にして家臣和同せず
45	本多正純	下野宇都宮	155,000	元和８	将軍秀忠に対する逆意
46	成田氏宗	下野烏山	10,000	元和８	無嗣断絶
47	松平忠直	越前福井	670,000	元和９	★不行状
48	西尾嘉教	美濃揖斐	25,000	元和９	34歳で没．無嗣断絶
49	田中吉官	上野新田	20,000	元和９	組中三宅藤五郎の罪に連座

50	青山忠俊	武蔵岩槻	45,000	元和９	故ありて
51	本多紀貞	上野白井	10,000	元和９	44歳で没．無嗣断絶
52	根津吉直	上野豊岡	10,000	寛永３	無嗣断絶
53	徳永昌重	美濃高須	53,700	寛永５	★行跡よろしからず
54	別所吉治	丹波綾部	20,000	寛永５	★参勤怠る
55	桑山貞晴	和泉谷川	26,380	寛永６	26歳で没．無嗣断絶
56	酒井直次	出羽左沢	12,000	寛永７	36歳で没．無嗣断絶
57	織田長則	美濃野村	10,000	寛永８	無嗣断絶
58	三浦重勝	近江・上総内	13,000	寛永８	無嗣断絶
59	脇坂安信	美濃内	10,000	寛永９	姻戚池田長幸家督問題での不始末
60	加藤忠広	肥後熊本	515,000	寛永９	★近年諸事無作法
61	徳川忠長	駿河府中	550,000	寛永９	★不行状，将軍への不服従
62	鳥居忠房	甲斐谷村	35,000	寛永９	徳川忠長に連座
63	朝倉宣正	遠江掛川	26,000	寛永９	徳川忠長に連座
64	酒井重澄	下総生実	25,000	寛永10	不敬．自害
65	堀尾忠晴	出雲松江	240,000	寛永10	35歳で没．無嗣断絶
66	竹中重義	豊後府内	20,000	寛永11	長崎奉行在職中の不正．切腹
67	蒲生忠知	伊予松山	240,000	寛永11	31歳で没．無嗣断絶
68	松平右京	美濃加納	100,000	寛永12	４歳で没．無嗣断絶
69	本多利長	大和高取	25,000	寛永14	40歳で没．無嗣断絶
70	松倉勝家	肥前島原	40,000	寛永15	一揆の責を問われる
71	真田熊之助	上野沼田	30,000	寛永15	７歳で没．無嗣断絶
72	佐久間安次	信濃飯山	30,000	寛永15	９歳で没．無嗣断絶
73	成瀬之虎	下総栗原	16,000	寛永15	幼少で没．無嗣断絶
74	本多犬千代	下野榎本	28,000	寛永17	５歳で没．無嗣断絶
75	池田輝澄	播磨山崎	63,000	寛永17	★家臣擾乱，職務怠慢，不敬
76	生駒高俊	讃岐高松	171,800	寛永17	家臣公事争論

77	池田長常	備中松山	65,000	寛永18	33歳で没．無嗣断絶
78	堀　直定	越後村上	100,000	寛永19	7歳で没．無嗣断絶
79	那須資重	下野福原	14,000	寛永20	34歳で没．無嗣断絶
80	加藤明成	陸奥若松	400,000	寛永20	病気を理由に領国返上
81	加藤明利	陸奥二本松	30,000	寛永20	★狂疾にかかり43歳で没
82	松下長綱	陸奥三春	30,000	正保元	★狂疾にて領地返上
83	奥平清道	播磨姫路新田	30,000	正保元	11歳で没．無嗣断絶
84	池田輝興	播磨赤穂	35,000	正保2	★狂気にて妻女殺害
85	寺沢堅高	肥前唐津	80,000	正保4	★酒狂にて自害
86	久松忠憲	信濃小諸	45,000	正保4	28歳で没．無嗣断絶
87	菅沼定昭	丹波亀山	38,000	慶安元	23歳で没．無嗣断絶
88	吉田重恒	石見浜田	55,000	慶安元	46歳で没．無嗣断絶
89	稲葉紀通	丹波福知山	45,700	慶安2	★乱心自害
90	織田信勝	丹波柏原	36,000	慶安3	28歳で没．無嗣断絶
91	久松定政	三河刈谷	20,000	慶安4	★失心，遁世
92	平岡頼資	美濃徳野	10,000	承応2	★不行跡につき庶子への相続認めず
93	杉原重元	但馬豊岡	10,000	承応2	17歳で没．無嗣断絶
94	片桐為次		10,000	明暦元	15歳で没．無嗣断絶
95	日根野吉明	豊後府内	20,000	明暦2	70歳で没．無嗣断絶
96	山﨑治頼	讃岐丸亀	45,000	明暦3	7歳で没．無嗣断絶
97	北条氏重	遠江掛川	30,000	万治元	64歳で没．無嗣断絶
98	堀田正信	下総佐倉	100,000	万治3	無断帰国
99	松平重利	下野皆川	10,500	寛文5	7歳で没．無嗣断絶
100	一柳直興	伊予西条	25,000	寛文5	★職務怠慢，家中・領地の処置よろしからず，領民殺害
101	京極高国	丹後宮津	78,200	寛文6	家中騒動
102	水野元知	上野安中	20,000	寛文7	★乱心し妻女殺害

103	高力隆長	肥前島原	40,000	寛文8	領内の政事正しからず，非分の課役を申し付け土民を困窮せしむる
104	酒井忠解	出羽大山	10,000	寛文8	26歳で没．無嗣断絶
105	池田邦照	播磨新宮	10,000	寛文10	13歳で没．無嗣断絶
106	伊達宗勝	陸奥一関	30,000	寛文11	伊達騒動の責を問われる
107	池田恒行	播磨山崎	30,000	延宝6	幼少で没．無嗣断絶
108	土屋直樹	上総久留里	20,000	延宝7	★狂気
109	堀　通周	常陸香取	12,000	延宝7	★狂気

・藤野保校訂『恩栄録・廃絶録』による．
・網掛は無嗣断絶による改易．
・改易理由に藩主個人の不行状が認められるものについては★を付した．

とが多々あったのである。

六丸への諫言

このまま六丸が不行状を重ねるならば、細川家は加藤家の二の舞になりかねない。そう考えた興長は、六丸に対し諫言（かんげん）を行う。諫言とは、家臣が主君の非行を諫（いさ）める行為であり、忠利（ただとし）に仕えていた頃から興長は諫言を家老の役目と考えていた。

承応二年（一六五三）四月、興長は将軍代替の御礼のため江戸に登る。松井家は徳川将軍家からも山城国内に領地を拝領していたため、将軍家と自家の代替わりには江戸へ登城し、将軍に家督相続の御礼を述べることを許されていた。四月二十三日に将軍御目見（おめみえ）を終えた興長は、その後もしばらく江戸に滞在。その間、六丸と面会し、諫言を行っている。『松井家先祖由来附』（七巻）によると、諫言は江戸家老の沢村宇右衛門ならびに藩主側近が居並ぶ中、口頭で行われ、内容は次のようなものであった。

忠利様は幕府のお取立てにより肥後の大国を拝領されました。それを引き継いだ光尚様は、格別の奉公を行う間もなく病気になられたので、肥後国の返上を申し出られました。それにも関わらず、殿様（六丸）への家督相続が許されたのは、幕府のひとかたならぬ御高恩によるものです。ですので、他の大名衆と同じ心構えではいけません。先祖代々の優れた家風を守り、作法など先代と同じようになされ、世上の流行に心を移さないようになされるべきです。家老どもは、殿様の心得が悪く御家が危難になるようなことがあってはならないと、みな心を配っております。

六丸が熊本藩主になれたのは忠利をはじめとする先代の功績によるものであり、六丸の実力によるものではない。よって六丸は先代の作法を守らなければならないし、ましてや遊興にうつつをぬかすとはとんでもないことだ、というのがこの諫言の趣旨である。この諫言からは、忠利が築いた肥後細川家を六丸の不行状によって潰されてなるものかという興長の思いが伝わってくる。興長にとって守るべきは御家であり、それを危機に陥れる藩主の行動は改められなければならなかったのである。

また興長は、六丸の生母である清高院にも諫言を行っている。当時、六丸は数えの十一歳で、藩主とはいえまだ子どもの年齢であり、母清高院にも多分の責任があった。興長はこの清高院に対し口頭で諫言を行うとともに、六丸とその周囲にいる者たちの悪行を列挙した十三ヵ条の諫言状（永青文庫所蔵「秘書」、「細川家資料総目録」一〇六―五―一〇、『新熊本市史　史料編　第三巻』一九四号）を提出し、改善を求めた。その内容は次の通りである。

六丸の母清高院への諫言

一、当家は武道を専らとする家風であるのに、殿様が武芸を嫌い遊興を好まれるので、家臣もそれに習い、悪しきことになっています。

一、昼夜の御酒宴で近習の者も疲れています。体に悪いのでやめるべきです。

一、代々忠勤に励んできた者を差し置き、新参の側近・小姓に過分の知行を与えるのはよくありません。

一、忠勤を励んでも加増がないので、譜代の家臣は不快に思っています。

一、不相応の金銀をもって踊子を召し抱え、毎夜見物するのはよくありません。

一、殿様が側近の意見は聞き入れるので、側近と仲が悪い者は讒言（ざんげん）にあい、仲の良い者は不奉公でも厚遇されています。

一、御側廻（おそばまわり）の者が華美すぎます。

一、近年の散財により勝手向きが困窮しています。
一、遊興に長じられ、公儀のつとめが疎かになってはよくありません。
一、先例を差し置き、新法を仰せ出されるべきではありません。
一、奥女中が寵愛（ちょうあい）を笠にきて、わがままを言うのはよくありません。
一、公事訴訟に際し、側近に付け届けをすれば非がまかり通ると諸人が申しています。
一、このようなことが公儀に知れたら、領国は危うくなります。
　この諫言を聞き入れてもらえなければ、八代の城地と知行を返還し、永の御暇をいただきます。


　この諫言状に示されるように、江戸で好き勝手に振る舞っているのは六丸だけではなかった。側近たちは六丸とともに昼間から酒を飲み、つとめをおろそかにし、不正を働いている。奥女中は六丸の寵愛を笠に着てわがまま勝手に振る舞っている。六丸を改心させるには、このような周囲にいる大人たちを何とかしなければならなかった。その筆頭が六丸の母清高院であり、ゆえに興長はこの諫言状を清高院につきつけたのである。

　これに対し清高院は、次のような返事（五月十七日付、前掲「秘書」）を興長と沢村宇右衛門宛に送っている。

　書付（諫言状）は詳しく拝見しました。すべて六丸殿のためを思っての異見であり、承らないわけにはいきません。すべて合点いたしました。

（生活費について）三千石でどうかとのこと。大方のことは、もとの十分の一ほどに申し付けたいと存じます。台所向きもそのようにいたします。なかなか難しいことですが仕方ありません。ご両人様で相談して決めてください。ご両人様は御家老なのでこのような異見を申されたのだと思います。今後も悪い所があれば御申しください。

本状に示されるように、興長と宇右衛門は、悪行を指摘しただけでなく、生活費の削減を清高院に要求していた。贅沢に慣れた清高院にとって、それは厳しい注文だったに違いないが、諫言を全面的に受け入れ倹約を約束している。藩主の生母といえども、家老の異見は無視できなかったのである。

綱利への諫言

さて、興長から手厳しい諫言を受けた六丸であるが、遊興を好む性格はなかなか改まらなかったようである。諫言を受けた年（承応二年〈一六五三〉）の十二月、六丸は元服し、名を綱利と改めた。その七年後の万治三年（一六六〇）、綱利は再び興長の諫言を受けている。綱利は十八歳、興長は七十九歳になっていた。諫言の直接の原因になったのは、綱利が相撲取を召し抱えたことであった。当時、江戸では相撲が流行っており、武士も庶民も好んで相撲を観戦した。綱利もまた相撲に熱中し、熊本でも相撲観戦ができるようにと、相撲取を召し抱えたのである。

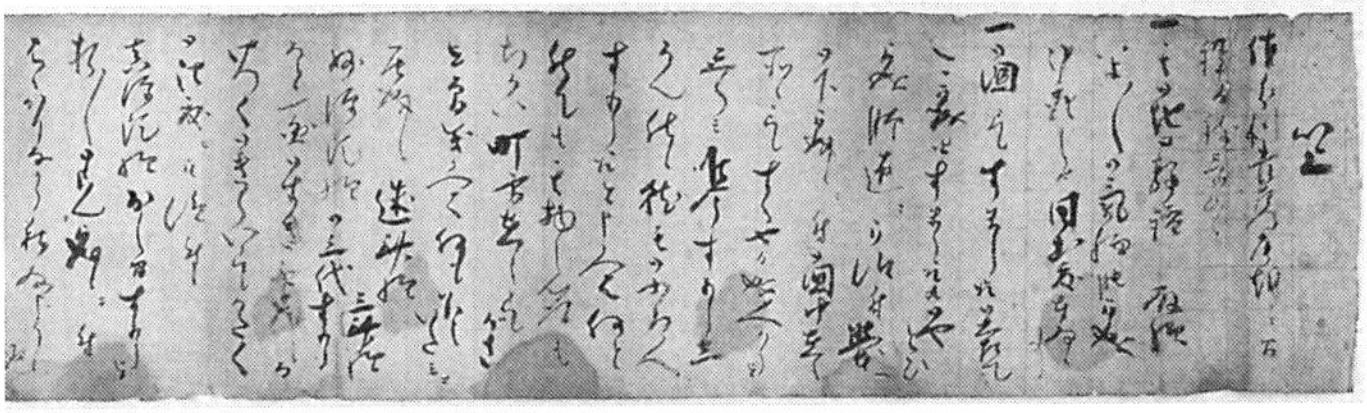

文頭

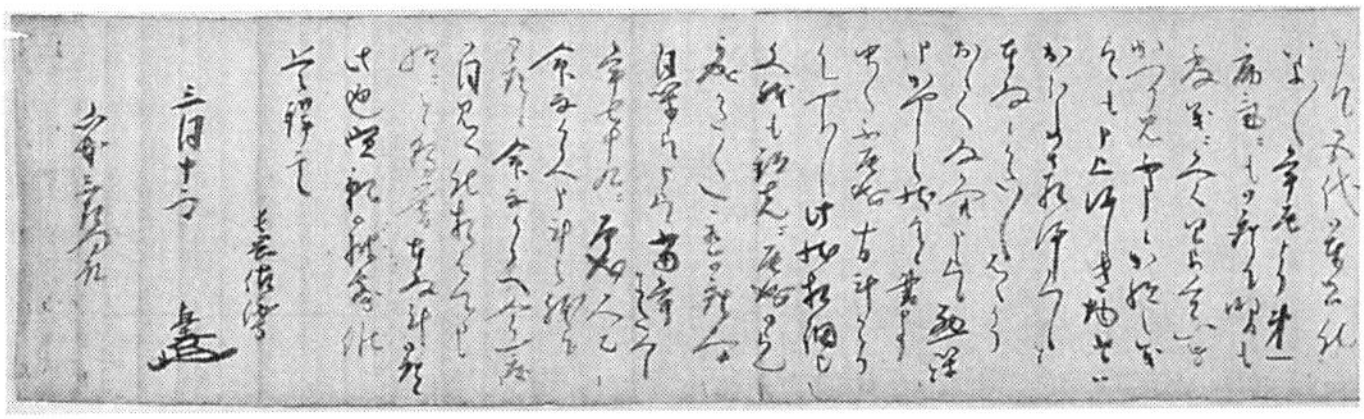

文末

図27　松井興長自筆諫言状（松井文庫蔵）

現代の感覚からするならば、相撲の振興をはかろうとする綱利の行為は、褒められこそすれ、非難されるべきものではないように感じられる。しかし、当時の相撲は、武道というよりも見世物興行としての性格が強く、興長の目には、社会秩序を乱す遊びごとに映ったのである。

相撲取召し抱えの話を知った興長は、自筆で諫言状（〔万治三年〕三月十二日付、松井三—四九四、図27）を作成し綱利を諫めた。この諫言状には、文字数二千八百字あまり、長さ五メートルあまりにわたって綱利を諫める言葉が書き連ねられている。以下、内容の一部を紹介しよう。

①相撲取は一般の者とは心得が違うので、町や村で乱暴な振る舞いをするかもしれ

ません。そうなっては、下々の痛みになります。下々の痛みになるような慰みごとは、お止めになるべきです。

②幽斎（藤孝）様・三斎（忠興）様・妙解院（忠利）様は、相撲をたいへんお嫌いになられ、堅く禁じていらっしゃいました。光尚様は、少しのあいだ相撲をご覧になっておいでしたが、私が異見を申し上げたところ、納得してお止めになられました。細川の御家は、日本に隠れなき高家でありまして、御三代の高等なる作法は、他家の鏡となっております。よって、先代からの作法をお変えになるべきではありません。

③忠利様の跡目を光尚様に仰せ付けられたとき、国の仕置きは、すべて忠利様の時と同じようにしなさいと幕府から指示がありました。光尚様の跡目を殿様に仰せ付けられたときも、同様の指示がありました。先代の仕置に良くない点があれば改めるべきですが、相撲取の取立はいかがなものかと存じます。

④他の家老どもも私と同意見だと思いますが、若い者が殿様に何かと申し上げては、殿様が気分を害されると思い、遠慮しているようです。私は、幽斎様以来、五代にわたって御仕えし、年も取り、明日をも知れぬ身ですので、無礼を顧みず申し上げた次第です。悪筆と申しながら、この書状を書くのに十日ばかりかかりました。文体も後先になってしまい、読みにくいかと存じますが、自筆にて申し上げました。私は七十九

歳になりますが、今一度、殿様にお会いしてから果てたいと思い、日々過ごしております。

まず①に注目してみよう。興長は相撲取を暴力的な存在として捉え、領民の安全を守るという観点から相撲取の召し抱えに反対している。藩主の慰みのために領民が犠牲になるようなことがあってはならないというのが興長の考えであり、そこには、領民の生活を第一に考える藩主になって欲しいとの思いがこめられていた。

続いて②と③に注目してみよう。②で興長は、初代藤孝・二代忠興・三代忠利が相撲を嫌い堅く禁じていたことを挙げ、細川家の伝統を守るという観点から相撲取の召し抱えに反対している。また、③では、光尚と綱利が家督を相続するに際し、忠利の治世を踏襲するよう幕府から指示を受けたことを示し、先例を変えるべきではないと述べる。つまり、幕府は細川という家筋を信頼して綱利に肥後一国を預けたのだから、綱利は御家の伝統を守らなければならないというのが、興長の主張であった。

最後に④を見てみよう。他の家老は綱利の勘気（かんき）を恐れ異見できずにいること、自分は生い先短いので、無礼を顧みず諫言することが述べられている。この一文からは、藩主を諫めることができるのは、自分しかいないという自負心が伝わってくる。

綱利の返事

④に記されるように、この諫言状は興長が自ら筆をとり十日ばかりをかけて書き上げたものである。七十九歳の興長にとって、それは命を削る作業だったに違いない。では、これを受け取った綱利はどのような反応を示したのか。諫言状を受け取った数日後、綱利は興長に次のような返事（松井十二—二二九四）を送っている。

相撲についてのあなたの異見は承知した。しかしながら、いま世間では相撲が流行っている。そのうえ、昔とは違い、どこでも相撲をしているし、以前とは違って、不行儀ではないので、安心しなさい。国元（熊本）で勧進（かんじん）相撲を行うとき、少し人の出入りがあるのは確かだが、勧進能や操芝居（あやつりしばい）を催すときも人の出入りがあるではないか。相撲ばかりを禁じるのはどうかと思うので、相撲はやめない。熊本で相撲取を仕立てたせいで、治安が乱れるというのであれば、熊本で仕立てた相撲取はこちら（江戸）に差し越しなさい。思っていることを申し越され、奇特千万（きとくせんばん）である。他の者が言えない異見を申し越されたことに満足している。

綱利は、相撲を不行儀とする興長の意見に異を唱え、相撲の続行を明言している。その一方で、熊本で召し抱えた相撲取は江戸で引き取ってもよいとの妥協案を示しており、興長の諫言が綱利の暴走に歯止めをかける役割を果たしたことがわかる。

また、文末で綱利は、諫言した興長を「奇特千万」と称賛しており、諫言という行為そのものについては是認していたことがわかる。何かと問題行動の多い藩主ではあったものの、諫言する家臣を叱責するほど度量は狭くなかったのである。

なお、興長諫言状の原本は、綱利に提出されたのち、どういういきさつかわからないが、細川家臣上野家で長らく保管され、寛政十二年（一八〇〇）、当代の上野家当主平八が八代御城附となったのを機に松井家に返納されている。以後、松井家では、これを御家の重要文書に位置づけ、初代康之の武功を伝える文書群と同一の箱に納め大切に保管した。松井家の子孫は、興長の諫言を康之の武功に勝るとも劣らぬ功績として取り扱ったのである。

興長の遺言

発見された興長の遺書

平成二十六年（二〇一四）、熊本大学永青文庫研究センターが行った永青文庫所蔵古文書調査により、興長の遺書三通が発見された。いずれも細川家の家老衆（有吉英安・米田是長・沢村友好）に宛てたもので、そのうちの一通は藩主綱利への披露状である。家老宛興長遺書については、『松井家先祖由来附』（七巻）に内容の一部が収載されており、その存在は知られていたが、原本の発見は大きな驚きであった。

さらに、その二年後、八代市立博物館未来の森ミュージアムが行った松井文庫所蔵古文書調査により、興長の遺書十八通（原本三通・案文十五通）が発見された。このうち三通は、永青文庫研究センターが発見した遺書の案文であったが、残る十五通はまったくの新出史料であった。つまり、近年の相次ぐ発見により、興長が十八通もの遺書を作成していたことが確認できたわけである。

表3は興長遺書十八通の概要をまとめたものである。遺書の提出先は、藩主、細川一門、同役の家老、姻戚関係のある細川家臣、息子・孫・妹・姪、松井家重臣などである。作成年月日は、慶安五年（一六五二）九月十一日付が一通、万治二年（一六五九）二月十日付が六通、万治三年三月十三日付が三通、万治四年二月十日付が四通、寛文元年（一六六一）六月十日付が一通、同年六月二十七日付が一通、年号日付不詳のものが二通である。興長が亡くなったのは寛文元年六月二十八日なので、亡くなる九年前から遺書を作成しはじめ、その作業は亡くなる前日まで続けられたことになる。

また、書かれた内容に着目すると、各々に対する要望が書き連ねられており、興長が周囲の人々に何を求めていたのかを知ることができる。以下、具体的に見ていこう。

家老への遺言

はじめに取り上げるのは、家老米田是長（一六一六～八〇）に宛てた万治二年（一六五九）二月十日付の遺書（表3③）である。米田家は松井家と同じく世襲家老の家柄で、是長の父是季（これすえ）も家老として活躍した。島原・天草一揆の際、興長とともに国元で差配をふるったのは是季である。是長は父の跡を継ぎ寛永十七年（一六四〇）に家老となった。年齢は興長より三十四歳若く、遺書が書かれた万治二年当時は

表3　松井興長の遺書

番号	原本／案文	宛名	作成年月日	おもな内容	所蔵・調査番号
①	案文	沢村友好（細川家の家老）	慶安5年9月11日	殿様の借銀は皆々で談合して解決すること。	松井文庫291-14
②	案文	細川尚房（細川忠利の三男）	万治2年2月10日	何事も綱利の意に従うこと。家老の異見に耳を貸すこと。	松井文庫291-15
③	案文	米田是長（細川家の家老）	万治2年2月10日	殿様借銀について、各々談合して取り続くように尽力すること。家老同士が腹蔵なく話し合うこと。家老の仲が悪いと御家の大事である。	松井文庫291-7
④	案文	三渕之直（興長の妹自松院の息子）	万治2年2月10日	自松院を大切にすること。台所方そのほか万事大名の仕方をする寄之を諫めること。	松井文庫291-9
⑤	案文	坂崎清左衛門（興長の養女菊の夫）	万治2年2月10日	台所方そのほか万事大名の仕方をする寄之を諫めること。菊（興長の養女）と末永く添い遂げること。	松井文庫291-5
⑥	原本	松井正之（寄之の次男、興長の孫）	万治2年2月10日	何事も寄之に従うこと。殿様への奉公が第一であること。	松井文庫279
⑦	案文	松井家の番頭	万治2年2月10日	寄之に悪いところがあったら日頃から書付をもって異見すること。	松井文庫291-2
⑧	案文	有吉英安（細川家の家老）	万治3年3月13日	寄之、直之、正之、お竹様（細川忠利の娘、英安の妻）をよろしく頼む。	松井文庫291-10

⑨	原本	松井寄之（興長の息子）	万治3年3月13日	自身の支出を控えること。城持ちの自覚をもつこと。	松井文庫282
⑩	原本	松井直之（寄之の長男、興長の孫）	万治3年3月13日	贔屓偏頗なくふるまうこと。親孝行すること。要らないことにお金を使わないこと。酒を飲みすぎないこと。	松井文庫280
⑪	案文	稲葉信通（豊後臼杵藩主、母は細川忠興の娘）	万治4年2月10日	綱利に腹蔵なく異見をすること。	松井文庫291-16
⑫	案文	細川利重（細川綱利の弟）	万治4年2月10日	何事も綱利に従うこと。	松井文庫291-8
⑬	原本	有吉英安・米田是長・沢村友好（細川家の家老）	万治4年2月10日	諸事談合し、御家が取り続くよう心がけること。	永青文庫 神新百十番・2
⑭	原本	有吉英安・米田是長・沢村友好（細川家の家老）	万治4年2月10日	綱利への披露状。公儀奉公を第一とし、御家が代々長久に続くよう心がけること。	永青文庫 神新百十番・1
⑮	案文	宮本伊織・吉岡三郎兵衛・大羽内蔵助・丸目権右衛門（小倉藩主小笠原家の家老）	寛文元年6月10日	小笠原忠真への披露状。賜った厚情は決して忘れない。綱利の入国を見届けることができ大慶である。	松井文庫291-6
⑯	原本	有吉英安・米田是長・沢村友好（細川家の家老）	寛文元年6月27日	綱利の入国を見届けることができ本望である。	永青文庫 神新百十番・3・1
⑰	案文	浄雲院（興長の妹）	不明	あなたのことは寄之に頼んでおいた。	松井文庫291-4
⑱	案文	古宇（寄之の妻、興長の姪）	不明	寄之は病弱のうえ公儀奉公に忙しいので子どものことはあなたが心がけなさい。八代で自分が召し使っていた女たちの面倒をみてほしい。	松井文庫291-3

四十四歳であった。この是長に対し興長は次のように述べている。

私は年をとり、明日をも知れぬ身なので申し置きます。

一、殿様（細川綱利）には借金があります。家老衆が談合して取り続くよう肝煎（きもいり）するときだと存じます。ずいぶん心がけるべきです。

一、家中には人により生計が成りゆかなくなっている者がいるようです。殿様が然るべきようになさるならば、家中もよくなるでしょうから、家老衆がよろしく談合するべきです。申すまでもないことですが、何事も腹を割って話し合うべきです。脇から何を言ってきても同心せず、家老衆が直に話し合って解決するべきです。家老衆の仲が悪ければ御家の大事となります。言われなくてもわかっていることでしょうが、思うことを申し上げました。申したいことは数多（あまた）ありますが、年寄って物忘ればかりするので万事申し残します。詳しくは息子寄之（よりゆき）に申し置きましたので、ご承知ください。

江戸で贅沢三昧の生活を送る綱利は、多額の借金を抱えていた。遺書の多くには綱利の借金問題が取り上げられており、興長がこの問題をとりわけ憂慮していたことがわかる。この遺書においても綱利の借金問題がメインテーマとなっているが、注目したいのは、家老衆の団結力が問題解決の鍵だと述べている点である。

綱利に借金があることを指摘したうえで興長は、「家老衆が談合して取り続くよう肝煎するべきだ」「何事も腹を割って話し合うべきだ」「脇から何を言ってきても同心せず、家老衆が直に話し合って解決するべきだ」「家老衆の仲が悪ければ御家の大事だ」と述べる。これらの文言に示されるように、御家の存続をはかるうえで興長が重要だと考えていたのは、家老衆がコミュニケーションをとりあい合意を形成することであった。家老間に不和が生じるようなことがあれば、綱利を支えることなどできないというのが興長の考えであった。

肥後加藤家や山形最上家の事例からわかるように、家老間の不和は御家を瓦解させかねないほどの事態を招く場合があった。興長はそのことをよく理解していたからこそ、コミュニケーションをとることの大切さを説き、不和を起こさないよう求めたのであろう。興長は三家老（有吉英安・米田是長・沢村友好）宛の遺書（表3⑬）や沢村友好個人宛の遺書（表3①）の中でも、家老衆が「談合」することの重要性を説いている。御家の存亡は、家老衆の団結力にかかっている。それが、家老衆に向けた興長の遺言だったのだ。

息子寄之への遺言

次に取り上げるのは、息子寄之に宛てた万治三年（一六六〇）三月十三日付の遺書（表3⑨）である。寄之は興長の後継者で、興長亡き後は筆頭家老になるべき人物であった。しかし彼には散財の傾向があり、それを懸念した興長は、遺書の中で次のように述べている。

一、殿様（細川綱利）は成人されたばかりなので、万事、心持ちが肝要である。殿様には借金がだいぶあり、御家は厳しい状況だ。あなたがよくよく精を入れなければ御家は立ち行かないだろう。

一、あなた自身の所帯を成り立たせることが何より肝要だ。お金に困って殿様に無心するようなことになれば、訴訟（諫言）もできなくなる。要らないものにお金を使ってはならない。

興長が寄之に求めたのは、自分がそうであったように、綱利を諫め、御家が存続できるよう取り計らうことであった。しかし、自身が身持ちを崩しているようでは、綱利を諫めることなどできるはずもない。諫言の役目を果たすために自分を律せよ。それが、息子寄之に向けた興長の遺言だった。

なお、興長は、親戚の三渕（みつぶち）之直（興長の甥）と坂崎清左衛門（興長の娘婿）に対し寄之の指導を依頼している。二人に宛てた遺書（表3④⑤）には、「大名並にお金を使う寄之をたしなめてほしい」と記されており、散財の傾向のある寄之を諫めるよう二人に依頼していたことがわかる。

松井家番頭への遺言

続いて取り上げるのは、九名の番頭に宛てた万治二年（一六五九）二月十日付の遺書（表3⑦）である。松井家における番頭は、軍制上の最高役職であり、主に譜代の家臣が任命された。家中での彼らの権限は強く、ゆえに責任も重かった。かつて松井家中で奉公人の召し放しが相次いだとき、興長が番頭の責を問うたのはこのためである。

興長は、番頭の役職にある角田康秀以下九名の家臣に対し、次のように述べる。

①一、寄之に家督を仰せ付けられるはずなので、万事肝煎して、然るべく奉公しなさい。

②一、あなたたちのことは、久しく召し使っている者なので、ずいぶん不便を加えるよう寄之に言ってある。しかしながら、法に背き不行儀な行いをする者は、誰であっても成敗するよう申し置いた。奉公の道をおろそかにしてはならない。

③一、寄之に悪い点があれば、書付をもって異見しなさい。悪いことが起きてしまってからでは遅い。気の毒がってばかりいて何もしないならば、代々仕えている甲斐はない。

④一、寄之が八代城を預かっているとき、御国に大事が起きたならば、女子を本丸に引き入れなさい。松井家臣はもとより、八代御城附衆、切米取に至るまで、状況を見合わせ、本丸に取り込みなさい。八代城は三の丸を防衛線にして守りなさい。八代

城は事のほか大儀なる城だが、むやみに大儀がって守るのはよくない。その時の状況をよく見合わせることが専要である。また、熊本に移動するときは、馬乗り（知行取家臣）の女子(おなご)を引き連れて上屋敷に行きなさい。

一条目で寄之にしかるべく奉公するよう求め、二条目で法令違反と不行儀を戒める。注目したいのは、三条目の記述。寄之に悪い点があれば見て見ぬふりをせず、諫言するのが譜代重臣たる番頭の役目だと説いている。主君である松井家当主を律せよ、それが、松井家番頭に向けた興長の遺言であり、そこには、主君を諫めてこその忠臣であるという興長の信念が示されていた。

四条目では、一〜三条とは話題がうって変わり、八代城が攻められたときの対応策が示されている。興味深いのは、「むやみに大儀がって守るのはよくない」と述べ、戦局によっては、女性を引き連れ、熊本城下にある上屋敷へ退くよう述べている点である。つまり興長は、八代城の死守に固執するべきではなく、状況によっては八代城を放棄する選択も必要であると述べているのである。この条文からは、無駄に戦って人命を損なうことを非とする合理主義者としての側面を見て取ることができる。

綱利への遺言

興長は、藩主綱利に対しても遺書（表3⑭）を残している。作成されたのは、興長が亡くなる四ヵ月前の万治四年（一六六一）二月で、三家老

（有吉英安・米田是長・沢村友好）宛の披露状という形がとられている。

それまで精力的につとめを果たしてきた興長であるが、八十歳になったその年、老衰で思うように活動することができなくなっていた。余命いくばくもないことを悟った興長は、最後の思いを伝えるべく遺書をしたためたのである。その遺書には次のように記されていた。

一、数年にわたり過分の知行を下し置かれ、格別の御懇情を賜りました。とりわけ八代城に召し置かれたことはかたじけなく、御礼の言葉もありません。もう一度御奉公を仕りたいと念願しておりますが、老衰しており、望みは叶いそうもありません。是非もないことで、口惜しく存じます。

一、先年、江戸へ罷り越したとき、殿様にお目にかかり、成人した姿を拝見することができ、大慶この上ないことでした。殿様の肥後初入国を見届けたいと、ずいぶん養生をしておりますが、もはや余命いくばくもなく、養生の甲斐もないだろうと、致し方なく思っております。

一、殿様には借金がだいぶあります。殿様は大名なので、その自覚を持ち、御家が存続できるよう分別してください。公儀への御奉公ができなければ、どうしようもありません。要らないものにお金を使わないようにしてください。

一、殿様は公儀の御厚恩で藩主になられたのですから、公儀への御奉公を第一になさってください。いよいよ分別を加えられ、御家が代々長久に続くよう心がけてください。

膨大な借金があるという事実をつきつけ、私的な支出を控えるよう求めた本書は、遺書という形をとった諫言状である。余命いくばくもない状況にあっても興長は、綱利を律することをやめなかったのである。

亡くなる前日の遺書

この遺書が作成された二ヵ月後の寛文元年（＝万治四年、四月に改元）四月、綱利は肥後初入国を果たす。綱利への遺書に記されるように、初入国を見届けるまで生き長らえたいというのが興長の思いであった。その念願は叶い、興長は熊本で綱利を出迎えることができた。しかし、それからほどなく、熊本二の丸屋敷で寝たきりの状態となり、六月二十八日、息をひきとった。享年八十歳であった。亡くなる前日、興長は三家老（有吉英安・米田是長・沢村友好）宛に最後の遺書（表3⑯、図28）を作成しており、それには次のように記されていた。

殿様が首尾よく入国を果たされ、こんなにめでたいことはありません。存命のうちに殿様の入国を見届けることができ本望です。しかるうえは、明日死んだとしても思い残すことはないと思っていたところ、私宅に直々にお見舞いいただき、そのうえ有吉

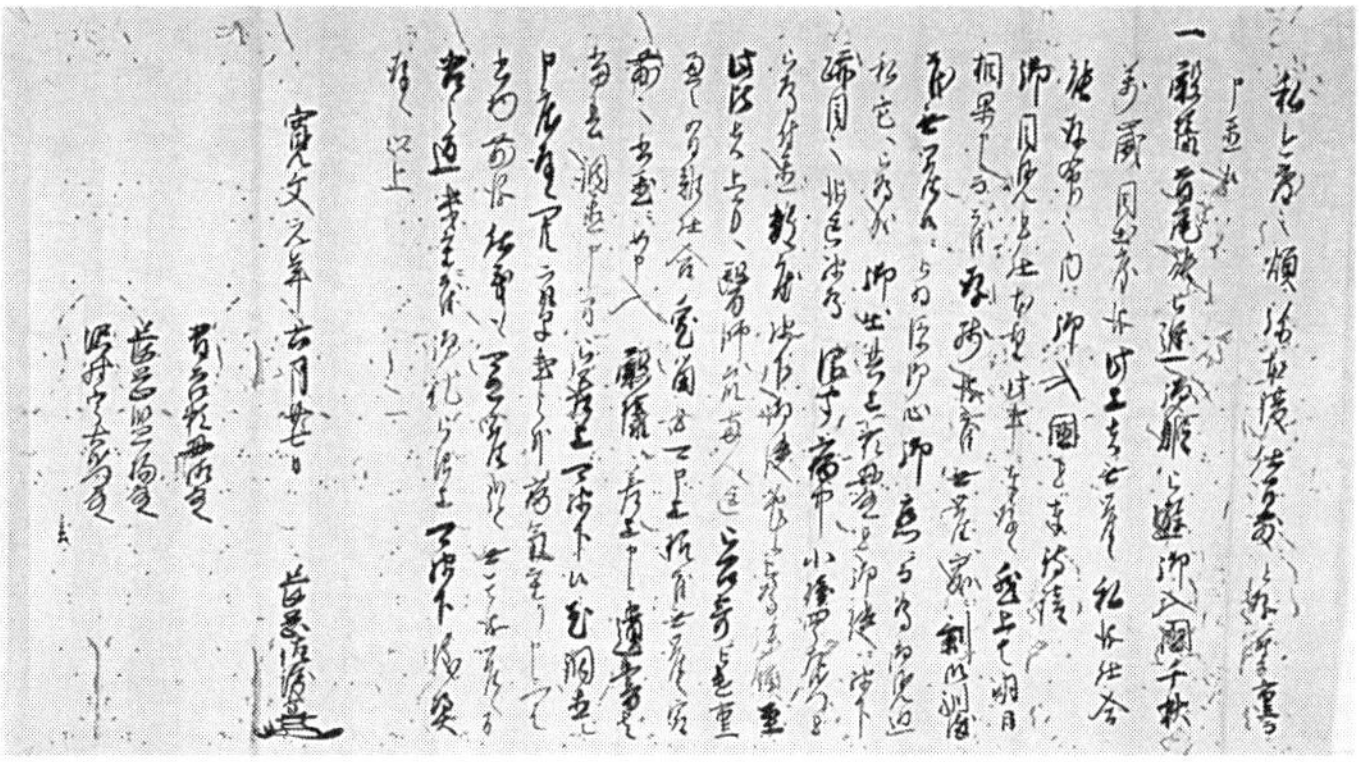

図28　亡くなる前日に作成された興長の遺書
（永青文庫蔵，熊本大学附属図書館寄託）

英安を使者として下され、松井家の跡目相続を保証する言葉までいただきました。ありがたきしあわせ、何も言うことはありません。殿様への遺書は、当春に作成しておきましたので、差し上げてください。殿様への遺書は、調えなおしたかったのですが、もはや病気が重く、書き物ができる状態ではないので、右の通り、幾重にも御礼を申していただきますようお頼み申します。

入国を見届けることができたという安堵感と綱利への感謝に満ちた遺書である。「明日死んだとしても思い残すことはない」との言葉からは、家老のつとめをまっとうしたという興長の満足感が伝わってくる。

図29　口を開き舌をのぞかせる興長像

しゃべり出しそうな肖像画

興長が亡くなった二年後の寛文三年（一六六三）、息子寄之は三回忌法要のため興長の肖像画を制作している。この肖像画は、晩年の興長の姿を描いたもので、その口元に注目すると、口が開き舌がのぞいていて、今にもしゃべり出しそうである。肖像画の人物は口を閉ざしているのが普通で、このように口を開き舌まで見せているのはたいへん珍しい。なぜこのような像容になったのか。推察するに、諫言状を読み上げる興長の姿が近親者の記憶に深く刻まれ、そのことが像容に反映されたのではないか。

先に述べたように、興長の子孫たちは、興長の諫言を武功にもおとらぬ功績と位置づけ、提出した諫言状を家宝として取り扱った。諫言をそのような名誉の行為と捉えていたならば、肖像画に諫言を行う姿を描かせても不思議ではあるまい。

この肖像画は、松井家の菩提寺（ぼだいじ）である八代春光寺（しゅんこうじ）に納め置かれたのち、近代になってから松井家に返され、現在は一般財団法人松井文庫の所蔵となっている。松井家では毎年十一月二十三日に先祖供養の祭礼を行っているが、その席には初代康之、二代興長をはじめとする歴代当主たちの肖像が掛けられる。朗々と諫言を行う興長のありし日の姿は、今もなお子孫を励まし続けているのである。

細川家を永続ならしめた康之と興長の生き方――エピローグ

これまでみてきたように、主家の存続を第一義とする松井康之（やすゆき）と興長（おきなが）の生き方は、細川家の存続に大きな影響を与えた。

康之は細川藤孝（ふじたか）・忠興（ただおき）父子から冷遇される状況にあっても、忠興を救うべく家康（いえやす）と交渉し、細川家を滅亡の危機から救った。もし、このとき、康之が細川家を見限っていたならば、細川家は徳川政権下で生き残ることはできなかったであろう。

また、康之の跡を継いだ興長は、藩主を律するのが家老の最たる役目であるという奉公観のもと、領地を返上する覚悟で藩主綱利（つなとし）に諫言（かんげん）を行い、改易の原因となりかねない綱利の問題行動を是正した。もし、興長が、最上家や加藤家の家老のように、御家の利益よりも自分の利益を優先する家老であったならば、綱利の問題行動は放置され、細川家は改易の憂き目にあっていたかもしれない。

歴史を論じるうえで、「もし、○○だったら」と唱えることはタブー視されているが、このような「もし」を禁じえないほどに、康之と興長の行動は、細川家が存続するうえで大きな役割を果たしたのである。

こうした康之と興長の生き方は、後世にも影響を与えた。永青文庫には、細川家臣の諫言・提言をまとめた「上書」六十七冊が伝来している。この「上書」には、十九世紀のものを中心とした四百四十五通もの諫言・提言が収録されており、江戸時代後期の細川家中において、一般の家臣たちが忌憚のない意見を藩主に述べることができる風潮が形成されていたことがわかる。興長は、諫言を家老の役目と考えそれを実践し続けたが、その行動は家老という枠組みを超えて、広く家臣に受け継がれたのである。

さらに、諫言・提言の内容に着目すると、藩主に仁政を求めるものが多々認められる。十九世紀の細川家臣たちは、仁政を国家繁栄の源と捉え、その実践を藩主に求めたわけであるが、これもまた、興長の影響を受けたものであった。そのことは、藩校時習館の訓導蟠江壽右衛門の諫言状（「上書」第一巻所収）に明白に示されている。

文化十年（一八一三）、蟠江は諫言状を提出し、藩主（十一代細川斉樹）に仁政を求めたが、その書中には、次のように記されていた。

細川綱利様の御代、松井興長が所存のほどを申し上げた一書があります。興長は御国初(はじめ)の長臣(ちょうしん)であり、その申し上げるところは老成熟練の言葉にして、誠実の志、忠愛の情が表れていました。それだけではなく、民を憐れむことを自分の任務とし、よく大臣の任務を果たしました。要職にある人が興長を手本とし、国事にあたるならば、盛徳の一助になるだけでなく、国家の幸い、悠久(ゆうきゅう)の基(もとい)となると思い、興長諫言状の写を作成し提出いたします。

諫言に際し蟹江が手本としたのは、相撲に興じる綱利を諫めた興長の諫言状であった。その言葉の端々に領民憐憫(れんびん)の情を見てとった蟹江は、その写を藩主につきつけ、仁政を求めたのである。「下々の痛みになるような慰みごとは止めるべき」と述べた興長の諫言は、百五十三年の時を超えて藩主を律したのだった。

このように、江戸時代後期の細川家臣たちは、御家の繁栄のため、藩主を律し続けていた。彼らにとって優先すべきは、藩主個人の利益ではなく、領民をも含み込んだ御家の利益だった。冒頭で筆者は、大名家が永続性を確保するには、忠義の対象を主君個人から御家という共同体に転換させる必要があったと述べたが、細川家ではそれが実現していたのである。その礎を築いたのは、言うまでもなく、康之と興長である。御家の利益を第一義とした彼らの生き方は、江戸時代を通して細川家を永続ならしめたのである。

あとがき

本書を書くきっかけとなったのは、私が勤務する八代市立博物館未来の森ミュージアムで二〇一八年（平成三十）に開催した「ザ・家老　松井康之と興長―細川家を支え続けた忠義―」という展覧会である。そのサブタイトルが示すように、この展覧会は「忠義」という視点から康之と興長の生き方を紹介したものである。「忠義」は日本人が好む言葉であるし、この言葉を使えば、広く市民に興味を持ってもらえると考え、このような展覧会を開催したわけであるが、同時に不安もあった。現代人、とりわけ若い人たちの共感を得るのは難しいという不安である。

主家に忠義を尽くした康之と興長の生き方は確かに立派ではあるが、現代とはあまりにも価値観が違いすぎる。個人の権利が尊重される（尊重されるべき）現代にあって、その生き方は興味をひくことはあっても、共感を得ることはないだろうというのが、私の予想であった。

ところが、いざ展覧会を開催してみると、結果は違った。「康之と興長の生き方に勇気をもらった」「明日からまた仕事を頑張ろうという気持ちになった」という意見が複数寄せられたのである。なぜ、観覧者たちは、そのような反応を示したのか。観覧者アンケートに記された感想文から推察するに、康之・興長の生き方と、職場で不条理な目にあっても頑張り続ける自分の姿とがオーバーラップしてそのような感想となったらしい。私が考える以上に日本人は、組織や職務に忠実だし、それを正しい行為だと信じているのだ。これもまた、康之や興長が築いた価値観のたまものかもしれない。

いっぽうで、肥後加藤家の家老をつとめた加藤正方の生き方もまた、現代人の共感を得ることができるのではないかと考えている。本書では、大名家の存続という視点から家老をとらえたため、正方は何だか悪役のようになってしまったが、視点を変えるならばその生き方は実に魅力的である。

正方は、主家である加藤家が改易されたのちも、たくましく生き続けた。改易が決まると正方は、町人と米の売買取引をしたり、藩主忠広の財産を横領したりして、生活資金をつくった。本文中では私腹を肥やすという表現になってしまったが、それは自分の才覚で食い扶持を確保したということでもある。また正方は、連歌の名手で、改易後も連歌という趣味を通して多くの文化人と交流を続けた。主家を失っても、彼には居場所があったのだ。終身雇用が崩壊しつつある現代において、組織に属さずとも自分の人生を生きることができた正方は、希望を与えてくれる存在なのかもしれない。

最後に、本書を書くきっかけをつくってくださった熊本大学の稲葉継陽氏、拙著の内容に理解を示し出版の労をとっていただいた吉川弘文館編集部の堤崇志氏、冨岡明子氏に感謝申し上げたい。そして何より、松井家に残された膨大な古文書や美術品をたゆまない努力によって守り伝えてこられた松井家十四代目当主の松井葵之（みちゆき）氏とその先祖の皆さまに尊敬の意を表したい。松井家に古文書や美術品が伝来していなければ、本書を書くことはできなかった。今に残された文化財を未来に伝えるお手伝いをさせていただくことで、先人たちの恩に報いることができればと思う。

二〇二一年二月

林　千　寿

参考文献

史料集等

宇土市史編纂委員会編『新宇土市史　通史編　第二巻　中世・近世』（宇土市、二〇〇七年）
熊本大学文学部附属永青文庫研究センター編『永青文庫叢書　細川家文書　中世編』（吉川弘文館、二〇一〇年）
熊本大学文学部附属永青文庫研究センター編『永青文庫叢書　細川家文書　近世初期編』（吉川弘文館、二〇一二年）
新熊本市史編纂委員会編『新熊本市史　史料編　第三巻　近世Ⅰ』（熊本市、一九九四年）
新熊本市史編纂委員会編『新熊本市史　通史編　第三巻　近世Ⅰ』（熊本市、二〇〇一年）
土田将雄ほか編『綿考輯録　第一巻〜第七巻』（出水神社、汲古書院発売、一九八八〜九一年）
鶴田倉造編『原史料で綴る天草島原の乱』（本渡市、一九九四年）
東京大学史料編纂所編『大日本近世史料　細川家史料一〜二十六』（東京大学出版会、一九六九〜二〇一八年）
藤野保校訂『恩栄録・廃絶録』（近藤出版社、一九七〇年）
蓑田勝彦編『八代市史近世史料編Ⅷ　松井家先祖由来附』（八代市教育委員会、一九九九年）
八代市立博物館未来の森ミュージアム編集・発行『松井文庫所蔵古文書調査報告書一〜二十』（一九九九

六〜二〇一九年）

展覧会図録

永青文庫編集・発行『細川家起請文の世界』（二〇一七年）
熊本県立美術館編集・発行『細川幽斎展』（二〇一〇年）
熊本県立美術館編『信長からの手紙』（熊本県立美術館・永青文庫、二〇一四年）
東京都江戸東京博物館ほか編『大関ヶ原展』（テレビ朝日・BS朝日・博報堂DYメディアパートナーズ、二〇一五年）
八代市立博物館未来の森ミュージアム編集・発行『松井家三代』（一九九五年）
八代市立博物館未来の森ミュージアム編集・発行『関ヶ原合戦と九州の武将たち』（一九九八年）
八代市立博物館未来の森ミュージアム編集・発行『天草・島原の乱』（二〇〇二年）
八代市立博物館未来の森ミュージアム編『松井家文書の世界』（財団法人松井文庫・日本製紙株式会社八代工場、二〇一〇年）
八代市立博物館未来の森ミュージアム編集・発行『八代城主松井家の名宝』（二〇一〇年）
八代市立博物館未来の森ミュージアム編集・発行『八代城主・加藤正方の遺産』（二〇一二年）
八代市立博物館未来の森ミュージアム編集・発行『ザ・家老　松井康之と興長』（二〇一八年）
米沢上杉文化振興財団編『図説　直江兼続』（天地人博２００９実行委員会・米沢上杉文化振興財団、二〇一〇年）

著書・論文等

稲葉継陽「細川幽斎と信長・秀吉・家康」（前掲図録『細川幽斎展』所収）
稲葉継陽『細川忠利―ポスト戦国世代の国づくり―』（歴史文化ライブラリー四七一、吉川弘文館、二〇一八年）
稲葉継陽「松井興長の諫言―その論理と役割―」（前掲図録『ザ・家老　松井康之と興長』所収）
笠谷和比古『近世武家社会の政治構造』（吉川弘文館、一九九三年）
熊本大学文学部附属永青文庫研究センター監修『武将・幽斎と信長　細川家古文書から』（熊本日日新聞社、二〇一一年）
鳥津亮二「総論　加藤正方の生涯と実像」（前掲図録『八代城主・加藤正方の遺産』所収）
仁木　宏「中世西岡の終焉と細川藤孝」（長岡京市史編さん委員会編『長岡京市史　本文編一』第九章第一節、長岡京市役所、一九九六年）
仁木　宏「細川藤孝と革嶋秀存―室町幕府倒壊期の山城西岡―」（大山喬平教授退官記念会編『日本国家の史的特質　古代・中世』思文閣出版、一九九七年）
仁木　宏「戦国日本のなかの乙訓・西岡」（中井均・仁木宏編『京都　乙訓・西岡の戦国時代と物集女城』文理閣、二〇〇五年）
林　晃弘「寛永一六年細川忠興の人質交代」（『東京大学史料編纂所研究紀要』二七、二〇一七年）
林　千寿「総説　関ヶ原合戦と九州の武将たち」（前掲図録『関ヶ原合戦と九州の武将たち』所収）
林　千寿「総論　天草・島原の乱」（前掲図録『天草・島原の乱』所収）

林　千寿「総論　松井康之と興長の忠義」(前掲図録『ザ・家老　松井康之と興長』所収)
福田千鶴『御家騒動』(中公新書、二〇〇五年)
福田千鶴『城割の作法―一国一城への道程―』(吉川弘文館、二〇二〇年)
八鍬友広「「直江状」の世界」(前掲図録『図説　直江兼続』所収)
山本博文『島津義弘の賭け』(読売新聞社、一九九七年)
吉村豊雄『近世大名家の権力と領主経済』(清文堂出版、二〇〇一年)

著者紹介

一九六八年、熊本県に生まれる

二〇〇九年、熊本大学大学院社会文化科学研究科文化学専攻博士課程修了、博士（文学）

現在、八代市立博物館未来の森ミュージアム学芸員

〔主要論文〕

「島原の乱における戦功認識について」（『日本歴史』六七九、二〇〇四年）

「慶長五年の戦争と戦後領国体制の創出―九州地域を素材として―」（『日本歴史』七四二、二〇一〇年）

歴史文化ライブラリー

519

家老の忠義

大名細川家存続の秘訣

二〇二一年（令和三）三月一日　第一刷発行

著　者　林（はやし）　千寿（ちず）

発行者　吉　川　道　郎

発行所　株式会社　吉川弘文館

東京都文京区本郷七丁目二番八号

郵便番号一一三―〇〇三三

電話〇三―三八一三―九一五一〈代表〉

振替口座〇〇一〇〇―五―二四四

http://www.yoshikawa-k.co.jp/

印刷＝株式会社 平文社

製本＝ナショナル製本協同組合

装幀＝清水良洋・高橋奈々

© Chizu Hayashi 2021. Printed in Japan

ISBN978-4-642-05919-0

JCOPY 〈出版者著作権管理機構　委託出版物〉

本書の無断複写は著作権法上での例外を除き禁じられています．複写される場合は，そのつど事前に，出版者著作権管理機構（電話 03-5244-5088，FAX 03-5244-5089，e-mail: info@jcopy.or.jp）の許諾を得てください．

歴史文化ライブラリー

1996. 10

刊行のことば

現今の日本および国際社会は、さまざまな面で大変動の時代を迎えておりますが、近づきつつある二十一世紀は人類史の到達点として、物質的な繁栄のみならず文化や自然・社会環境を謳歌できる平和な社会でなければなりません。しかしながら高度成長・技術革新にともなう急激な変貌は「自己本位な刹那主義」の風潮を生みだし、先人が築いてきた歴史や文化に学ぶ余裕もなく、いまだ明るい人類の将来が展望できていないようにも見えます。このような状況を踏まえ、よりよい二十一世紀社会を築くために、人類誕生から現在に至る「人類の遺産・教訓」としてのあらゆる分野の歴史と文化を「歴史文化ライブラリー」として刊行することといたしました。

小社は、安政四年(一八五七)の創業以来、一貫して歴史学を中心とした専門出版社として書籍を刊行しつづけてまいりました。その経験を生かし、学問成果にもとづいた本叢書を刊行し社会的要請に応えて行きたいと考えております。

現代は、マスメディアが発達した高度情報化社会といわれますが、私どもはあくまでも活字を主体とした出版こそ、ものの本質を考える基礎と信じ、本叢書をとおして社会に訴えてまいりたいと思います。これから生まれでる一冊一冊が、それぞれの読者を知的冒険の旅へと誘い、希望に満ちた人類の未来を構築する糧となれば幸いです。

吉川弘文館